U0950969

十八大以来的

中国政治经济学

王健君◎著

新 华 出 版 社

图书在版编目（CIP）数据

十八大以来的中国政治经济学 / 王健君著. —北京：新华出版社，2017.7（2025.2重印

ISBN 978-7-5166-3319-9

Ⅰ. ①十… Ⅱ. ①王… Ⅲ. ①政治经济学—研究—中国 Ⅳ. ①F0

中国版本图书馆CIP数据核字（2017）第150030号

十八大以来的中国政治经济学

作　　者： 王健君

选题策划： 要力石　许　新　　**责任编辑：** 江文军
责任印制： 廖成华　　**责任校对：** 刘保利
封面设计： 李尘工作室

出版发行： 新华出版社
地　　址： 北京市石景山区京原路 8 号　　**邮　　编：** 100040
网　　址： http：//www.xinhuapub.com
经　　销： 新华书店
新华出版社天猫旗舰店、京东旗舰店及各大网店
购书热线： 010-63077122　　**中国新闻书店购书热线：** 010-63072012

照　　排： 李尘工作室
印　　刷： 大厂回族自治县众邦印务有限公司
成品尺寸： 145mm × 210mm
印　　张： 7.5　　**字　　数：** 100千字
版　　次： 2017年9月第一版　　**印　　次：** 2025年2月第二次印刷
书　　号： ISBN 978-7-5166-3319-9
定　　价： 39.80元

版权专有，侵权必究。如有质量问题，请与出版社联系调换：010-63077101

目　录

引　言

“我们的责任，就是要团结带领全党全国各族人民，接过历史的接力棒，继续为实现中华民族伟大复兴而努力奋斗，使中华民族更加坚强有力地自立于世界民族之林，为人类作出新的更大的贡献。”

“我们的责任，就是要团结带领全党全国各族人民，继续解放思想，坚持改革开放，不断解放和发展社会生产力，努力解决群众的生产生活困难，坚定不移走共同富裕的道路。”

“我们的责任，就是同全党同志一道，坚持党要管党、从严治党，切实解决自身存在的突出问题，切实改进工作作风，密切联系群众，使我们的党始终成为中国特色社会主义事业的坚强领导核心。”

——2012年11月15日《习近平在中央政治局常委中外记者见面会上的讲话》

这是2012年11月15日，习近平同志以新一届党中央总书记的身份，在十八届中央政治局常委同中外记者见面会上，向13多亿中国人民许下的重诺。在十八届中央领导集体的第五个执政年度，蓦然回首，今日之中国、今日之中国共产党乃至今日之世界，已在过去的1500多个日日夜夜里，发生了近乎翻天覆地的变化。

2016年12月底，美国《华尔街日报》报道称，自2013年以来，有100余万名党员在反腐行动中受到惩处。习近平要求加强对政治权力的约束，创造一个“制度笼子”，确保党员干部“不敢腐、不能腐、不想腐”。文章认为，在领导层积极开展反腐斗争的背景下，中共在巩固执政党根基方面正在发生质的飞跃。

改革开放尤其是新世纪以来，中国经济高速发展，国家实力迅速增强，腐败现象一时也呈现出易发多发乃至无孔不入的势头。毫无疑问，任凭腐败问题愈演愈烈，最终结果必然是亡党亡国。正因此，履任党中央总书记第三天，习近平就在十八届中共中央政治局第一次集体学习会上毫不讳言地指出，“近年来，我们党内发生的严重违纪违法案件，性质非常恶劣，政治影响极坏，令人触目惊心。”并严正提出，“坚定理想信念，保持同人民群众的血肉联系，保持党的肌体健康，不断提高党的领导水平和执政水平、提高拒腐防变和抵御风险能力，使我们党在坚持和发展中国特色社会主义的历史进程中始终成为坚强领导核心。”就此定下了从严治党的反腐决心，拉开了一场可谓力挽狂澜的反腐败斗争。

过去五年来，中国共产党以空前严厉的零容忍态度惩治腐败。查处贪官人数之多、级别之高、行动密度之大、涉及领域之宽、挖掘问题之深，在中外历史上可谓前所未有、世所罕见。2013年至2016年，150多只“老虎”落马，20多万只“苍蝇”被处分，超过800只“狐狸”归案。

从给予党纪政纪处分人数和审查高级干部人数看，数量和力度均创下改革开放以来的历史新纪录，查处的高级干部覆盖了31个省、区、市，周永康、薄熙来、徐才厚、郭伯雄、令计划、苏荣、周本顺、白恩培、蒋洁敏等曾位居党政军要职的腐败分子纷纷落马……这可能引起一些部门、一些地区、一个时期的冲击和震动，但亦如习近平所言，“不是没有掂量过，但认准了人民的期待。”对以习近平同志为核心的党中央而言，反腐，没有免罪的“丹书铁券”，也没有“铁帽子王”。

四年多来，一大批“老虎”被绳之以党纪国法，消除了党内重大政治隐患，厚植了中共执政的政治基础，坚定了中国人民对中国共产党的信心和信任。时至今日，全世界范围内的政治观察家们最初绝少预想到，一个近9000万党员的执政党对自己执行了不怕伤筋动骨的全方位自我革命，短短不到五年时间，反腐败斗争压倒性态势大局初定，风清气正的执政环境和社会环境开始幡然回归。

“2016年，很多美国人已开始感觉到中国发展对其日常生活的影响——在购物中心，在付款时——而且感觉到世界权力中心正从美国转向中国。”2017年1月20日，伍德罗·威尔逊中心基辛格美中关系研究所所长罗伯特·戴利在美国《外交政策》杂志撰文感叹。

2016年，中国用低于世界6%的水资源和9%的耕地，生产了315亿件服装，超过世界人口数量的4倍，其中每个美国公民每年需要购买4件中国服装；超过8.08亿吨钢铁，占世界供给量的50%，超过美国生产能力的10倍；24亿吨水泥，占世界总产量的60%；2450万辆汽车，超过世界总供给量的1/4；中国港口集装箱吞吐量2.18亿标箱，占全球比重达40%，超过第二名美国5倍；中国高速铁路、高速公路、城市轨道交通运营里程分别达到2.2万公里、13万公里和3800公里，港口万吨级及以上泊位数量超过2200个，均位居世界第一；中国“国内有效发明专利拥有量”首次突破百万，达110.3万件，成为继美日后全球第三个该技术创新指标超百万件的国家。以实施专利法计算，美国用了227年，日本用了138年，中国用了31年……总之这一年，中国是世界上最大的船舶、高速列车、隧道桥梁、手机、PC、摩托车、空调、冰箱、电视、纺织品、化肥、农产品、棉花、书籍、杂志、电视节目……甚至包括大学生等众多现代国家发展“必需品”的制造者。

纵向对比，中国仅仅用一代人的时间，创造了比自己过去5000多年所有朝代创造的所有总和还要多得多的生产力，从一个极度贫困的、人均收入仅为撒哈拉以南非洲平均水平三分之一的农业国，转变为全球最大、最具活力的工业强国和按购买力评价核算的世界最大经济体；横向比较，中国承受着全球极少的自然资源养活世界20%人口的压力，却能够提供全球三分之一的主要农产品和近二分之一的主要工业产品。并随着这个巨国经济体对原材料和能源的巨大需求涌进全球商业网络，中国动员和推动了整个亚洲大陆、拉丁美洲、非洲甚至现代化的欧洲大陆和北美大陆与之不断前行。

此时此刻，如果按照人口规模比较，“中国崛起”（2016年中国人口13.93亿）带给全球发展战略格局带来的冲击力是19世纪末美利坚合众国上升时期（1890年美国人口约6000万）的23倍，19世纪初大英帝国爆发时期（1810年英国人口约1000万）的139倍。要感受这种洪波浩荡的冲击力量，从人类工业革命以来最基本的工业和建筑材料之一的水泥生产和消费量，就可见一斑：美国在1901—2000年总共消费了45亿吨水泥，而中国2011—2013年就消费了65亿吨水泥。这意味着，中国这三年的水泥使用量比美国整个20世纪的使用量还足足多出50%。

“中国崛起”的惊艳表现，绝不仅仅只是其庞大的体量规模、持续高位的增长速度，或与一直困扰西方资本主义世界的频繁的大规模金融危机数次擦肩而过，乃至对重大国内外政治事件与国际金融风险突发冲击的成功避险和果敢处置。给全世界各国政府和人民留下最深刻的印象，则是“中国崛起”用难以置信的和平而文明的方式持续而自信地展开她的奇迹征程：以6%的世界水资源和9%的世界耕地去实现20%世界人口的富强，人类历史上没有任何国家和地区曾在如此极端恶劣的挑战下，单单通过互惠的国际贸易实现工业化和粮食自给，用了30多年时间实现了近14亿人口市场规模的工业化进程，而不是重复过去500年西方工业强国的殖民主义、帝国主义、屠杀原住民、奴隶贩卖、鸦片贸易，以及对弱国发动血腥侵略战争的霸权强权道路。

也正是这种发展模式带来的难以置信的心理震撼，罗伯特·戴利为此抒发了自己的感受，“自两国1979年建交以来，美国在制度和观念上对中国的影响远远大于中国在价值观上对美国微不足道的影响。2016年，中国的宏伟规划可能开始使天平向中方倾斜。”

西方世界的这种感觉在2017年1月瑞士达沃斯世界经济论坛年会表现得尤其强烈。德国《商报》会议期间刊文感慨，“这个世界看上去好像颠倒了。即将就职的美国总统对世界发出实施惩罚性关税的威胁。同时，中国国家主席发表了拥护公正的全球化的主旨演讲。当今世界最大的共产党的领导人在达沃斯的经济精英年会上成为维护自由贸易最强有力的先锋。”

面对美国第45任总统唐纳德·特朗普上任半年多以来不断声称“维护美国利益”“让美国再次伟大”“气候变化是一个骗局”诸如此类保护主义、孤立主义和民粹主义混杂的大嗓门，英国《金融时报》首席评论员马丁·沃尔夫总结说，整个世界（包括亚洲）正处于全球化和去全球化、美国领导力和中国领导力之间的不稳定平衡状态，“世界各地的人们都在质疑美国的未来角色。他们揣测，向中国靠拢难道不是更明智的做法吗？”

20世纪80年代以来，经济全球化为发展中国家提供了走向繁荣的广阔机遇。综观中国经济飞速发展的过程，改革开放主导下的贸易繁荣通过利用比较优势、规模经济、获取技术专长和加强竞争，无一例外地发挥了关键性的作用。结果极富戏剧性：1981年，中国占世界商品出口总量的比重大约为1%，到2000年也即中国在2001年加入世贸组织（WTO）的前一年跃升至4%，到2015年增至14%。由此也带动新兴国家经济体的全球贸易份额的迅速上升。亚洲新兴经济体占世界商品出口总量的比重从1981年的4%飙升至2015年的21%，亚洲占世界商品出口总量（包括再出口）的比重甚至达到令人惊讶的33%。与此形成鲜明对照，美国所占比重则从1968年巅峰状态的16%回落到2015年的9%，曾经的亚洲最大经济体日本从1993年10%的最高点下滑至2015年的4%，也即中国入世时的起点。

过去五年，面对世界经济迟迟难以走出国际金融危机酿成的衰退泥淖，习近平主席在2013年提出“一带一路”（One Belt，One Road）倡议的“中国方案”，以创新、开放、协调、绿色、共享的人类发展新理念，担当和重塑新一轮全球化的启动，利用中国的资本和组织能力，增强整个欧亚大陆乃至更遥远地区的基础设施供应，沿着陆路和海路加速推动一个以联结、沟通、融合东方文明和西方文明、北方发达国家和南方发展中国家为中心目标的经济一体化超凡巨大规模市场。美国*Nation*周刊的报道在2017年“一带一路”国际合作高峰论坛后得出结论，“北京的“一带一路”项目可能是人类历史上最大规模的基础建设项目，没有之一。”

从本世纪初的“利益攸关者”“世界格局中的重要一极”，到如今的“全球第二经济体”和“前所未有地走近世界舞台中央”，十八大以来的五年，以习近平同志为核心的党中央抓大事、议大事、干大事，纲举目张，精心设计了两大布局：一是协调推进“四个全面”和积极参与全球治理的战略布局；二是统筹推进“五位一体”和加速国防与军队现代化的总体布局。四年多的时间里，上述战略布局和总体布局都取得了令人瞩目的重大进展，并使我国胜利完成“十二五”规划所确定的主要目标和重大任务：24个主要指标完成率高达96%，为历次五年规划完成率最高的一次。中国经济实力、科技实力、国防实力、国际影响力，特别是综合国力又上了一个大台阶。

2016年中国GDP达到74.4万亿元。按可比价格计算，同比增长6.7%，高于印度的6.6%，三年后重夺全球主要经济体经济增速第一。按照IMF测算，2016年度中国为全球经济增长贡献了1.2个百分点，贡献率达到33.2%。而美国只贡献了0.3个百分点，欧洲也仅0.2个百分点。这意味着中国的贡献率远超所有发达国家之和。

回顾十八大以来的中国道路，以习近平同志为核心的党中央"大手笔不断"，最精彩、也最有意义的一件大事，就是"四个全面"国内战略布局加上一个"积极参与全球治理"的国际战略布局，为我国开辟了空前的"天时、地利、人和"新局面，也创造了中国在世界上最有国际影响力、最具全球领导力的历史印记。

这其中，最为关键的是，作为执政党的中国共产党顺势而为，应势而动，乘势而上，不仅进一步延长了中国发展的战略机遇期，而且更加自信、充分地利用了这一战略机遇期。正如中国国情研究学者胡鞍钢所得出的结论，"（十八大以来）最大的成功是战略决策的成功，而战略决策的成功是中国成功的根本原因。”而支撑一系列战略决策的基础，则是中国特色社会主义政治经济学重大创新在过去四年多时间里的厚积薄发。

第一章

沧海横流之千年变局

资本霸权中心的轮回宿命

全球性贫富差距

“新自由主义”的终结

遭遇成长困惑的中国与世界

2017年6月1日，不断攻击全球化的美国新任总统特朗普又一次做出了反常识的惊世之举，宣布美国退出《巴黎协定》。在全球197个国家中，美国和尼加拉瓜与叙利亚一起，成为仅有的三个不签署该协定的国家。

消息发布后不到一小时，法国、意大利和德国发表联合声明称，“《巴黎协定》对全球社会和经济发展至关重要，是不能违背、没有协商空间的。”一天前还在苦口婆心劝阻特朗普的联合国秘书长古特雷斯只能无可奈何地说，“这是一件令人极其失望的事情。”日本环境相山本公一甚至对日本“最友好国家”的总统出言不逊，“非常失望，这与终于走到这步的《巴黎协定》这一人类智慧背道而驰。令人愤怒。”

反对潮同样在美国国内掀起。前总统奥巴马、加利福尼亚州州长杰里·布朗以及60多个城市的市长都公开表示反对和不解，希拉里在推特上更是斥责自己昔日的竞争对手，“这是历史性错误。全球在气候变化问题上共同向前，退出《巴黎气候协定》使美国的家庭和工人落后。”

回顾冷战结束后的西方，特别是美国在世界上的表现，近几十年遭遇的战争失败和几次金融危机重创了美国领导人的可信度。英国《金融时报》首席评论员马丁·沃尔夫将特朗普入主白宫列为这一问题的最极端发展，“美国选民选择特朗普，一个明显缺乏总统该有的美德、能力、学识和经验的人担任总统，进一步破坏了西方制度模式的吸引力。”

他对此充满悲观情绪，“特朗普彻底改变了我们对于美国代表着什么的观念。我们生活在美国打造的世界。如今美国却在放弃这个世界。我们无法忽视这一残酷现实。”原因很简单，“特朗普给西方根本理念带来的冲击已经十分显著。虽然西方联盟仍然是世界上最大的经济集团，拥有最强大的科学和商业知识，但它正开始瓦解。”

2017年5月28日，刚刚在意大利西西里岛G7峰会上与特朗普数次交锋的德国总理安格拉·默克尔（Angela Merkel）向自己的选民承认，美国不再是可靠的盟友了，“最近几天的经历让我感受到，从某种程度来讲，我们互相完全依赖对方的时代已经结束……我只能说：我们欧洲人真的要把命运掌握在自己手中。”美国外交关系协会主席理查德·哈斯在推特上敏锐地指出，“默克尔所言‘欧洲不能靠别人，需要靠自己’，是一个分水岭事件，也是美国二战以来一直力求避免的问题。”

事实上，特朗普并非第一个让欧洲不安的美国总统。小布什的“牛仔式”外交曾让欧洲紧张，在伊拉克战争问题上，美国牵头成立的打击联盟不包括德法。即便如此，小布什从未削弱与欧盟的伙伴关系。

但2017年以来，这位美国富豪总统就欧洲的一系列言行可能意味着美欧关系正在发生根本性改变：作为拥有共同利益和价值观的一群国家，相互之间在执政理念和政治行动上已经渐行渐远。很明显，美国退出《巴黎协定》事件只是再次坐实了一个全球不得不面对的现实，西方世界重新染上了一个世纪前的历史症状——分裂，尤其是特朗普上台，分裂了美国，分裂了西方，分裂了世界……

为什么冷战结束后“历史的终结”的西方“天命论”支撑了18年（1991年苏联解体到2008年国际金融危机全面爆发）的生命周期就行将结束？可能会有无数个答案，但最致命的事实则是，进入新世纪后，人类文明发展开始进入一个全新的阶段，突出的标志就是，西方国家的经济效率、社会效率和制度效率都在持续下降，而以中国为代表的新兴经济体和发展中国家的国际行动能力和影响力尤其是经济实力快速上升，并迫切需要争取更加公平、公正的发展权益，探索不同于西方掠夺式发展模式的可持续发展的自主道路。尤其在2008年国际金融危机爆发后，人类无时无刻都能感受甚至亲眼看到的场景就是，西方主导的世界秩序日趋混乱和危险，剧烈而动荡的全球性结构性调整，正在世界范围内寻求新的平衡方向。

“人类也正处在一个挑战层出不穷、风险日益增多的时代。世界经济增长乏力，金融危机阴云不散，发展鸿沟日益突出，兵戎相见时有发生，冷战思维和强权政治阴魂不散，恐怖主义、难民危机、重大传染性疾病、气候变化等非传统安全威胁持续蔓延。”

2017年1月18日，习近平主席在联合国日内瓦总部发表题为《共同构建人类命运共同体》的演讲时呼吁全世界人民，“地球是人类唯一赖以生存的家园，珍爱和呵护地球是人类的唯一选择。瑞士联邦大厦穹顶上刻着拉丁文铭文‘人人为我，我为人人’。我们要为当代人着想，还要为子孙后代负责。”

资本霸权中心的轮回宿命

对资本主义而言，世界经济的物质扩张的起点和终点，都把追求利润作为最终目的。正如卡尔·马克思在《资本论》第三卷中所言，“笼统地说，矛盾在于，资本主义生产形式包含着一种朝生产力绝对发展的倾向……它的目的是要维持现有资本的价值，并促使这种价值不停地快速增长。资本和资本的扩张看来就是起点和终点，就是生产的动力和目标，生产只是为了资本而生产……”

自16世纪西方资本主义肇始至今的500多年来，世界经济已经经历了四次大规模资本积累的疯狂进程，其间三次从兴起、扩张到毁灭的轮回，世代轮替地形成了四个资本主义霸权中心：

在第一阶段，也即15世纪开始的“地理大发现”

时期，地中海的热那亚资本在辽阔的西班牙帝国疆域之内组织远程贸易，在安特卫普、里昂和塞维利亚建立初级世界市场以实现其贸易扩张，追逐资本积累。到了1560年前后，当日益激烈的贸易竞争使得商业盈余赶不上资本积累的扩张需求后，热那亚资本马上撤离贸易，开始专门从事巨额融资。

同样，随后兴起的荷兰资本，在互不相连的、往往非常遥远的市场之间从事运输贸易，把转口贸易集中在阿姆斯特丹，把高附加值工业集中在荷兰，创立了一个世界范围内的商业前哨和贸易交换体系。但当1740年前后，贸易的手段已经无法驱动资本积累日益扩大的速度时，荷兰资本和热那亚资本一样，毅然抛弃商业贸易，转身集中力量专门从事疯狂的金融投机，“郁金香泡沫”“密西西比公司泡沫”以及让伟大的牛顿爵士破产的“南海泡沫”是其最好的描述。

整个19世纪，英国资本继续重复了资本主义“天命”般的资本疯狂积累宿命。唯一不同的是，在英国周期中，最初的资本扩张手段，除了远程和短程海外贸易，还有采掘和制造活动以及由之引发的工业革命。但是到了1870年前后，当生产过剩和贸易竞争日趋激烈，不能再为资本积累更大的利润时，英国资本就像130年前的荷兰和310年前的热那亚资本一样，很快转向金融投机和经纪活动。

我们看到，100年以后，这种模式又被美国资本进一步重复。1971年，美国总统尼克松宣布美元与黄金脱钩，终结了美国通过贸易和生产的资本积累进程，同热那亚资本、荷兰资本和英国资本一样，美国资本也毫不例外地全面转向金融投机和经纪活动。

马克思在《资本论》第一卷中就曾写道，“资本主义生产的进步不仅创立了一个享乐世界，随着投机和信用事业的发展，它还开辟了千百个突然致富的源泉。在一定发展阶段上，已经习以为常的挥霍，作为炫耀富有从而取得信贷的手段，甚至成为资本家营业上的一种必要，奢侈被列入资本的交际费用。”比马克思更完整目睹了资本从扩张到毁灭并最终引发人类浩劫的第一次世界大战的马克斯·韦伯，在其《新教伦理与资本主义精神》中更是深感困惑：资本主义的精神实质就是“赚钱，赚钱……赚钱本身纯粹就是目的，因此从个人的快乐和对个人的实用价值的角度看，这似乎是完全难以理解的，绝对缺乏理性的”。

然而，资本的意志远远不是社会理性所能理解的。马克思在《资本论》第三卷中深刻地揭示了“资本理性”的逻辑，“资本越来越集中……因为超过某种限度之后，利润小的大资本比利润大的小资本积累起来更快。到了某个时刻，这种不断集中又会导致利率再度降低。因此，大量分散的小资本被迫走上投机、信仰诈骗、股票骗局和危机的冒险道路。所谓的资本过剩，基本上总是指利率的降低不能通过大量利润来弥补的那种资本过剩……或者一种将本身无法进行赢利活动的资本，以信用形式置于大企业经理支配下的过剩。”

作为世界体系研究的杰出研究者，纽约大学宾哈姆顿分校“布罗代尔经济、历史体系和文明”研究中心教授乔万尼·阿瑞吉对此做出论断：越来越多的资本主义企业把越来越多的资本，从贸易和生产转向金融买卖和投机，事实上是资本主义体系积累周期中“分水岭”般的历史转折点和决定性关键时刻。这种转移既是一次危机，也是一种“信号危机”，意味着体系资本积累过程中的资本主义企业，对剩余资本重新投资于世界经济的物质扩张之中能否继续获利做出了否定的判断，对通过更加专门从事金融投资能否延长其在市场竞争中的主导地位做出了肯定判断。按照马克思主义的论断，就是垄断资本主义取代了完全竞争资本主义。

尽管转向金融生产活动，短暂地阻止了物质生产过程中积累缓慢的危机，但随后加速运转而不可遏制的金融投机，搅动起剧烈的政治冲突、经济震荡和社会撕裂，恰恰加快了旧的资本霸权中心积累周期的“临终”，催生了新的资本霸权中心积累周期。列宁在其《帝国主义论》等论著中有过深刻剖析：在帝国主义时代，资本主义必然灭亡突出表现在其腐朽性的不断发展，其重要表现是金融资本的膨胀、金融寡头的统治，“资本主义已经发展到这样的程度，商品生产虽然依旧‘占统治地位’，依旧被看作全部经济的基础，但实际上已经被破坏了，大部分利润都被那些干金融勾当的‘天才’拿去了。这种金融勾当和欺骗行为的基础是生产社会化，人类历尽艰辛所达到的生产社会化这一巨大进步，却造福于……投机者。”

金融资本膨胀、金融投机队伍无限扩大，金融危机便不可避免地发生。一个世纪以来，绝大多数经济危机都肇始于金融领域。金融投机主义的蔓延和盛行破坏了资本主义社会的经济结构，对资本主义社会文明也造成了不可逆的深度败坏。因为金融扩张导致的这种不稳定局面或者说破坏，完全是结构性的，其本身会获得一种不断自我强化的巨大势能，不是资本主义机器的调节器所能够驾驭的。而且，这种势能变得如此强大，世界现存的组织结构根本无法承受。而当这些结构最终塌垮的时候，就为一个新的资本霸权中心的积累周期扫清了道路。

四次资本霸权中心兴衰转替的历史进程还透露了一个令人印象深刻的趋势，资本体系积累周期从兴起、全面扩张到衰败、毁灭直至遭到取代的过程，所需时间越来越短。从前一个霸权中心发生“信号危机”之后成为主导霸权中心开始，到自己继续从世界经济物质扩张中获取利润的能力受到限制为止，历次霸权中心所需要的时间：热那亚体制用了大约220年，荷兰体制用了大约180年，英国体制用了大约130年，美国体制大约只用了100年。而且，这些霸权中心变得越是强大，其积累体制的生命周期就越短，产生危机的频率越高、冲击力越暴烈。

自20世纪70年代美国资本霸权体制的“信号危机”出现至今的37年间，美国体制发生了波及全球范围的6次深重的经济危机和4次大规模金融危机，分别占自1900年以来近120年全世界经历的12次经济危机和6次金融危机的1/2和2/3……在这个意义上，过去20多年尤其是新世纪以来10多年，全球金融扩张超速发展既不是世界资本主义发展的新阶段，也不是“全球市场霸权来临”的福音，更非弗朗西斯·福山的“历史的终结”，而是人类再次经历资本霸权“城头变幻大王旗”这幕历史大剧开场的急促鼓点，和美国资本霸权中心逼近“临终危机”一刹那的回光返照。

全球性贫富差距

2009年年初，美国纽约州审计署例行公告显示，2008年华尔街雇员年终奖金总计高达184亿美元，较2007年的329亿美元下降了44%，但仍和2004年华尔街鼎盛时期相若。此时，美国财政部通过问题资产救助计划（TARP）已经为华尔街注入了2000亿美元资本，美国众议院也刚刚通过了8190亿美元的刺激经济方案。刚刚履新的美国总统奥巴马读报方知悉事件，大为震怒，“这是不负责任的极致，这是可耻的，我们需要那些求助政府的华尔街人士，表现出一点克制，一点纪律和一点责任感。”他斥责，华尔街高层总会有赚得利润的时候，“但不是现在。”

曾位列美国五大投行之一的美林证券2008年全年亏损高达270亿美元，其中仅第四季度就亏损了150亿美元。但据《纽约时报》披露，在美林被美国银行并购前，美林高管于2008年12月仓促瓜分了40多亿美元的奖金。而按照惯例，美林应在次年1月分红。显然，为了拿到“最后一笔红利”，美林高管把分红时间提前了。与此同时，媒体发表文章质问已经破产的雷曼兄弟公司CEO理查德·富尔德近5亿美元的个人资产，“你的公司破产了，你却有4.8亿美元。这公平吗？”要求这位让6390亿美元资产灰飞烟灭的金融家做出解释。更可悲的是，在美国政府史无前例地出资850亿美元援救美国国际集团（AIG）的数天后，这家保险业巨头的高管人员却跑到加利福尼亚一处全美最豪华的度假胜地消遣。发票显示，AIG向这个度假胜地支付的总费用是44万美元。一位民主党议员说：“他们修手指甲、做美容、修脚趾甲、享受按摩，付账的却是美国人民。”

8年过去了，这种局面不但没有改变，反而在加深。2017年3月15日，纽约州审计署公布的数据显示，华尔街奖金池在2016年增长2%，达到239亿美元，实现三年来的首次增长。其中，人均奖金增长1%，达到13.8万美元，自1985年以来累计涨幅高达890%，当前水平是联邦最低工资标准的7倍。相比之下，美国联邦最低工资标准在过去30年里只上涨了116%。更扎眼的数据显示，2016年华尔街的整体业绩增长让2016年美国GDP1.6%的增长相形见绌。2016年全年，纽交所成员公司的经纪业务税前利润增长21%，达到173亿美元，创下四年来的最高水平。另据美国联邦储蓄保险公司（FDIC）的最新数据，2016年美国银行业总盈利增长4.9%，达到1713亿美元。受益于固定收益交易收入激增，美国最大的六家银行的利润在2016年攀升至930亿美元，达到2009年以来的最高水平。这意味着，自美国次贷危机爆发至今10年，美国金融业这个曾经的溺水者已经踩着牺牲者甚至救援者的尸体成功上岸。

华尔街金融家们敢于一边吃着救济、一边领着天价薪金，原因很简单，金融业已经主导甚至某种程度上绑架了美国全球经济霸权的运转。20世纪80

年代中期，美国金融业增加值比重超过传统的制造业，随后在GDP中的比重持续上升。当前，尽管受到金融危机的影响，但美国金融业占GDP比重仍然稳定在20%以上。而且，美国非金融企业的金融化趋势明显，非金融企业中金融业资产的数量迅速上升，由1970年4000多亿美元上升到2012年近20万亿美元。非金融业企业利润中来自金融渠道的比重也大幅增加。美国金融业的强大不仅表现在国内金融业占经济总量的比例不断提高，也体现在其全球第一的金融规模上。2011年，美国股票、债券、银行资产市场规模合计达到63万亿美元，占全球总值的25%，是刚刚成为全球第二大经济体中国8%比重的四倍。

金融业的迅速膨胀使美国经济活动的核心，由物质生产过渡到金融产品、金融资产等财富的管理、流动和增值。据估计，如今全球来自金融机构的资本，只有15%左右用于实体经济投资。2008年国际金融危机爆发时担任英国金融服务局主席的阿代尔·特纳开诚布公地说，“纵观发达经济体，尤其是美国和英国，资本市场和银行部门为新的投资进行融资的作用在下降，这个系统里的大部分钱被用于放贷购买现有资产如住房、股票和债券。”

经济金融化的趋势导致的最直接结果就是不可遏制的贫富差距。自2013年开始，美联储做了一项调查，旨在“监测美国消费者的金融和经济状况”。2016年美联储询问受访者，紧急状况下如何掏出400美元应急？回答是：47%的受访者表示，他们要么借钱，要么卖点东西凑钱，否则压根拿不出400美元。与美联储的数据相呼应，美国银行利率网站2014年的一项调查发现只有38%的美国人可以用他们存下的钱来支付起1000美元的急诊费或者是500美元的汽车修理费。美国皮尤慈善信托基金会2015年发表的两份报告显示，55%的美国家庭没有足够的流动资金来弥补一个月的收入损失，而56%的人说他们会担心自己的财政状况，71%的人担心没有足够的钱来支付日常开销。面对日益窘迫的收入压力，美国《大西洋》月刊将之称为“美国中产阶级的难言之隐”。

2016年，美国家庭平均收入上升至56516美元，比2015年增加了2800美元。尽管是1998年以来的最大增幅，但它依然低于2007年的水平。据美国麻省理工学院的调查，1950年至1973年间，美国劳动生产率提高了97%，中产阶级和工人阶级的平均收入上涨了95%。调查认为，这一时期的美国经济体系比较公正。但是，1973年至2013年的40年里，尽管劳动生产率上升了80%，中产阶级和工人阶级的实际平均收入却只上涨了4%。

与此形成鲜明对照的是，2017年，美国最富有的1%的人，平均年收入为130万美元，主要是靠工资获得收入。但最富的0.1%的人，往往依靠金融商品赚取利润，其中0.01%的人则多为对冲基金经营者或资本家。比如，全球500强企业负责人的年收入一般约在1820万美元至2730万美元，对冲基金经营者的年收入在1.8亿美元至2.7亿美元，最高甚至达到36亿美元至46亿美元。法国经济学者托马斯·皮凯蒂（著有《21

世纪资本论》——编者注）的研究结果显示，过去30年，美国社会底层的50%人口实质收入增长率“接近为零”，但美国金字塔尖1%的人群收入增长却超过300%。

巨大的贫富差距又与政治腐败不可避免地粘连在一起。旅美日本国际政治分析家伊藤贯指出，美国政治被华尔街的金融家所操纵。民主党虽然宣传自己是“工人的伙伴，百姓的伙伴”，但实际上在过去27年里，美国金融业者一半以上的政治捐款，特别是对冲基金经营者七成以上的政治捐款，都流入了民主党的腰包。另一个坚硬的事实是，20世纪70年代之前，只有3%至4%的议员离职后成为说客。而现在，众议员中有42%的人、参议员中有50%的人，在离职后成为进行院外活动的说客。“希望成为说客而财源广进的议员们，在任职议员期间就为业界团体的利益通过法案，制订预算。”伊藤贯的结论是，“就这样，议员与产业界相互勾结，政治生态越来越腐败”，美国的中产阶级和工人阶级有理由为“美国社会不公平”感到愤怒。

在西方资本主义世界的“山巅上光辉之城”被巨大的贫富差距攻陷之时，世界贫富差距早已到了难以忍受的地步。2016年11月22日，瑞士瑞信研究院发布的《2016年全球财富报告》称，占全球总人口73%的底层广大群体，共拥有全球财富的2.4%，但最富有成人的前10%拥有全球资产的86%。2017年1月16日，国际慈善组织乐施会发布的研究报告进一步验证了全球贫富差距令人震惊的现状：目前以微软始创人比尔·盖茨（美国，净资产750亿美元）、Zara创始人奥尔特加（西班牙，670亿美元）、“股神”巴菲特（美国，608亿美元）、电讯大亨卡洛斯·斯利姆（墨西哥，500亿美元）、亚马逊创始人贝索斯（美国，452亿美元）、“脸书”共同创始人扎克伯格（美国，446亿美元）、甲骨文主席埃利森（美国，436亿美元）和彭博社创始人布隆伯格（美国，400亿美元）为首的全球前8大富豪，其坐拥的资产总和，相当于占世界人口一半的、约36亿最贫困人口的财富总额。

报告提醒说，在2015年，全球50%的底层人口所能支配的财富，约等于全球前67个富豪的资产总和。但到2016年，贫富两端的差距却更加悬殊，过半人口拥有的所有资产已经比不上全球前8名富豪的财富。这意味着，2008年国际金融危机更加恶化了全球财富分配，不但没有降低贫富差距，反而助长了富人的财富增值，缩水了底层人口的财富，使得贫富差距形成的阶级越来越难逆转。比如，在未来20年内，全球前500位富豪传给继承者们的财富总值或超过2.1万亿美元，这个数字将比印度的年度GDP还要多。报告称，资源分配结构失调的主要原因包括税制不公、企业失控的逐利文化以及裙带资本主义恶性循环等等。“我们面临的情况是，一些亿万富翁实际缴纳的税款往往要比为其工作的秘书和清洁工还少。”乐施会政策顾问马克斯·劳森说介绍说，乐施会曾在2016年的报告中提及，一些跨国公司和富豪精英将个人财富转移至“离岸避税天堂”，这种做法使政府流失了“能够用于解决贫困和（贫富）差距的宝贵（财富）资源。”

与此相伴，全球债务以令人难以想象的速度飙升。瑞信研究院发布的《2016年全球财富报告》重点揭示了全球财富金字塔底部一个令人担忧的趋势：目前全球约9%的成人是净债务人。据估计，一半的成年人拥有的财富不超过2222美元，而世界金字塔底层的人中约20%的人拥有的财富不超过248美元。这一底部群体的44%是债务人，平均净债务是2628美元。事实上，国际金融协会2017年4月初公开的统计数字显示，过去十年来全球包括家庭、政府和公司在内的债务总额增加了70多万亿美元，2016年达到创纪录的215万亿美元，相当于全球GDP的325%。其中，2016年年底美国联邦债务总额达19.5万亿美元，与十年前美国债务总额相比翻了一倍有余。2017年联邦预算显示，2017年美国总债务预计将超过20万亿美元。但对美国政府而言，这仅仅是个小数。按照美国政府问责局前总审计长、美国彼特·皮特森基金会总裁兼CEO大卫·沃尔克估计，如果把政府对国民的社保欠账等所有隐性债务统统加在一起，2007年美国的实际债务总额高达

53万亿美元。加上2007年后美国国债6万亿美元的增加量，总计59万亿美元以上。这还不算多。如果再把诸如“两房债券”那样实际是“美国政府担保”的债务，以及美国各州政府、市政府、县政府所发行的债券也有20万亿美元（2007年年末美国国债协会SIFMA统计）。这就是说，能算出账来的美国债务总额高达79万亿美元，2016年全球GDP不过74万亿美元而已，这就是说，仅仅美国一家，已经使全球负债率超过了107%。

毫无疑问，21世纪以来，包括西方发达经济体，越来越多的国家和普通民众被0.1%甚至0.01%的巨富阶层挤压成了输家。

“我们要从历史中汲取智慧。历史学家早就断言，经济快速发展使社会变革成为必需，经济发展易获支持，而社会变革常遭抵制。我们不能因此踟蹰不前，而要砥砺前行。我们也要从现实中寻找答案。”正如习近平主席2017年1月18日在联合国日内瓦总部的演讲所言，“2008年爆发的国际金融危机启示我们，引导经济全球化健康发展，需要加强协调、完善治理，推动建设一个开放、包容、普惠、平衡、共赢的经济全球化，既要做大蛋糕，更要分好蛋糕，着力解决公平公正问题。”

“新自由主义”的终结

“唐纳德·特朗普从一位无人严肃对待的外围参选者变身为当选总统，这是美国近期经历的最令人意外且制造心灵创伤的事件之一。其影响尚不明朗，但在最坏情形下，可能造成美国完全放弃其全球领导地位，自由主义的世界秩序分崩离析，而自20世纪50年代以来，美国为打造这一秩序已经耗费大量心血。”

2016年美国大选尘埃落定那一刻，伤心欲绝的莫过于一度主导了20世纪80年代至今近四十年发达国家主流意识形态的西方自由主义精英群体。2017年1月17日，特朗普宣誓就任美国第45任总统的3天前，美国斯坦福大学弗里曼·斯伯格里国际问题研究所高级研究员弗朗西斯·福山，在英国《金融时报》上以“美国已成失败国家”为题，尽情抒发了自己心中的愤懑、痛恨和对西方自由主义秩序正在退出世界政治舞台的不舍和哀伤。

1989年10月，柏林墙被推倒。这年夏天，美国《国家利益》杂志刊登了36岁的弗朗西斯·福山撰写的《历史的终结？》一文。当时这位年轻的兰德公司研究员对自己的结论仍无十足把握，小心翼翼地为文章标题加了一个问号。但随着1991年苏联解体，和一大片东欧社会主义国家多米诺骨牌般倒下，他大胆地在1992年把文章扩充为一部著作——《历史的终结及最后之人》。

当是时也，福山以真理在握的自信断定：人类社会的发展史，就是一部“以自由民主制度为方向的人类普遍史”，自由民主制度是“人类意识形态发展的终点”和“人类最后一种统治形式”。冷战的结束，意味着人类历史的终结，历史的演进已经走到了终点，民主、自由是人类政治的最佳选择，最终会成为全人类的制度。从此之后，构成历史的最基本的原则和制度就不再进步了。短短几年间，伴随着全球化的迅猛推进，福山和他的“历史终结论”迅速变得炙手可热，一本政治学研究之作逐渐演变成了西方“新自由主义”秩序的意识形态符号……

新自由主义，最初只是一种经济学理论思潮，继承了亚当·斯密的资产阶级古典自由主义理论基础，在经济理论方面，倡导“三化”：一是自由化，提出自由是效率的前提。二是私有化，认为私有制是人们“能够以个人的身份来决定我们要做的事情”，从而成为推动经济发展的基础。三是市场化，强调离开了市场就谈不上经济，无法有效配置资源，反对任何形式的国家干预；在政治理论方面，坚持三个“否定”：一是否定公有制。几乎所有的新自由主义者都一致地认为，“当集体化的范围扩大了之后，‘经济’变得更糟而不是具有更高的‘生产率’”，因此，不能搞公有制。二是否定社会主义。在新自由主义者们看来，社会主义就是对自由的限制和否定，必然导致集权主义，因此是一条“通往奴役之路”。三是否定国家干预。认为任何形式的国家干预都只能造成经济效率的损失。

自20世纪二三十年代到60年代，新自由主义一直在国家干预主义盛行和国家垄断资本主义取得成功的“凯恩斯主义时代”被牢牢压制。整整40年时间里，奥地利经济学家米塞斯、哈耶克和以米尔顿·弗里德曼为首的新自由主义者们，只能在芝加哥大学、伦敦政治经济学院的讲台和朝圣山学会“闭关修行”。然而，20世纪70年代初期爆发的两次石油危机，导致整个资本主义世界陷入了“滞胀”（高通胀、高失业、低经济增长），凯恩斯主义束手无策之下，哈耶克和弗里德曼的弟子们乘机接管了西方政治经济政策的理论构建和意识形态的主导权，也是20世纪80年代风行西方世界的“里根经济学”和“撒切尔主义”的始作俑者。

资本主义在19世纪末、20世纪初进入垄断阶段后，度过了一般垄断阶段和国家垄断阶段，从20世纪70年代起，资本主义开始由国家垄断阶段向国际垄断阶段过渡，标志性历史事件就是以“滞胀”为特点的1973—1975年资本主义世界经济危机。“滞胀”既是对国家垄断资本主义发展的历史总结，又是资本主义进入国际垄断阶段的历史序幕：一是跨国公司的崛起使全球市场同时又成为全球工厂，从而为资本主义进入国际垄断阶段奠定了最深厚的物质基础；二是贸易国际化使国际垄断资本对全球经济实现了全产业控制，从而把资本主义在产业层面上推向了国际垄断阶段。新自由主义理论恰恰为国际垄断资本放任地向全球市场扩张，提供了理论依据，并为其制度安排的“合法性”做足了解释。

这是一个新自由主义和国际垄断资本互为因果、相互鼓荡、竞相深化的过程。“里根经济学”和“撒切尔主义”带动私有化浪潮席卷全球，既加速了国家垄断资本主义向国际垄断阶段的过渡，同时又摧毁了原苏东国家的公有制经济。在世界范围内，国际垄断资本难以进入或无法控制的领域已经所剩无几。

新自由主义的蔓延，加剧了全球范围内的经济市场化，国际垄断资本在全球的运作有了越来越可靠的理论和制度保障。在二者的鼓动和诱导下，非市场经济国家纷纷谋求建立市场经济制度。从拉美、亚洲、非洲再到苏联和东欧，各类经济模式国家几乎都无一例外地加入了“经济市场化”进程。这几乎等同于新自由主义对“行车规则”的规范，为国际垄断资本进行全球扩张、控制全球经济扫清制度上的障碍，使垄断资本在国外的“自由空间”急剧扩大。

在新自由主义推进经济自由化进程中，金融自由化是最关键也是影响最大的理论“硬核”，也是国际垄断资本控制全球经济最大的期盼：完全的利率自由化，金融机构业务混业经营，资本跨境流动和外汇交易自由化，彻底开放金融市场，等等，使得金融自由化与金融国际化紧密相联，相互推进，为国际垄断资本通过金融市场顺利地将国际市场上的巨大财富体制化聚集到自己手中，进而使整个世界经济体系长期依附于自己，创造了一个前所未有的制度“魔法”。

新自由主义的全球一体化，是国际垄断资本企图统一全球的制度安排。20世纪80年代末、90年代初

“华盛顿共识”的炮制及其出笼，正是国际垄断资本企图一统全球意志的体现。“华盛顿共识”已经远远超出了经济全球化，而是经济体制、政治体制和文化体制的“一体化”，也即美国化。所以，自20世纪90年代始，新自由主义思潮在全球的蔓延是国际垄断资本在全球扩张的理论表现。其结果，绝不可能使世界经济变成一个自由竞争的体系。恰恰相反，它将仍然处在垄断资本的控制之下。

与垄断资本的国际扩张相比，经济全球化具有更广的涵盖范围。但是在当代，由于世界经济体系处在国际垄断资本的支配之下，所以垄断资本与经济全球化又几乎完全重叠。可以说，垄断资本借助经济全球化全速进行国际扩张，而如果没有垄断资本的国际扩张，也就谈不上今天的经济全球化。因此，在经济全球化背后，不能不看到新自由主义和国际垄断资本的巨大影响力，甚至是支配力。

1990年，美国总统乔治·布什授意美国国际经济研究所（2006年更名为彼得森国际经济研究所）出面发起，在华盛顿召开一个讨论20世纪80年代中后期以来拉美经济调整和改革的研讨会。出席会议的有美国财政部官员、企业界人士，以及世界银行、国际货币基金组织、美洲开发银行等国际金融机构代表和部分拉美国家官员，若干高等院校、研究机构的经济学家。在会议最后阶段，美国国际经济研究所前所长约翰·威廉姆森声称，经过讨论，与会者就在拉美国家已经采用和将来采用的政策工具方面达成了共识，并认为这些政策工具适用于有意开展经济改革的发展中国家。“华盛顿共识”由此出笼。

诺贝尔经济学奖获得者、美国经济学家斯蒂格利茨委婉地评价说，“说得好一些，‘华盛顿共识’是不完整的；说得坏一点，‘华盛顿共识’有误导性。”美国著名学者诺姆·乔姆斯基则更直接，“新自由主义的华盛顿共识指的是以市场经济为导向的一系列理论，它们由美国政府及其控制的国际经济组织所制定，并由它们通过各种方式进行实施。”

对这一点，印度尼西亚前经济与财政部长拉姆利博士最有发言权。2007年，在泰国曼谷的一个讨论东亚金融危机10周年的会议上，领教过留学美国加州伯克利分校的印尼“新自由主义”信徒们的大规模经济试验的拉姆利，将这些由美国政府机构出面、福特基金会资助的极右精英称为“伯克利黑帮”，认为他们在印尼执行的新自由主义经济政策，和20世纪六七十年代把曾经的准发达国家、GDP位居世界第九的阿根廷推入经济崩溃的“芝加哥弟子”们一样，让印尼多次错失东亚发展的超级机遇。

他在总结印尼深受新自由主义之害的沉痛教训时指出，“华盛顿共识”表面上看是公平中立的，但实际上却维护了霸权者的经济和政治利益。例如，“华盛顿共识”主张财政紧缩财政政策的公开目的是促进宏观经济和价格稳定，但其背后的动机是为了确保借贷国偿还外债所需要的财政盈余；金融自由化实质是资本项下完全开放，为国际资本和跨国公司在发展中国家顺利攫取利润打开方便大门；贸易自由化是为了在第三世界国家国家打开物品和服务市场。但与此同时，发达国家却仍然在使用配额、反倾销立法、大量的农业补贴、“资源的出口限制”和其他非关税壁垒，以保护他们的工业和农业；私有化和出售国有资产是要把政府在经济中的作用减少到最小。在现实中，国有资产都被以极低的价格出售，这为西方发达国家以极低廉的价格购买发展中国家宝贵的自然资源和国有企业提供了机会。

按照拉姆利的亲身体验，“华盛顿共识”模式的典型后果是一个从危机到债务积累再到危机的恶性循环，“也就是说走出危机靠的是注入大量借来的资金，由此积累的债务最终将带来下一次危机。而对于华盛顿强大的金融利益集团而言，经济危机给他们提供了迫使发展中国家在工业和金融部门实施极端的自由化政策，从而以低廉价格购买这些国家宝贵资产的机会。由于本地企业在具有竞争能力以前就实施了自由化，他们只能被吞并或破产；外债过多，使外国利益集团能够影响甚至主导私有化的法律和条例的制定以及对自然资源财富的管理。”

另一个局内人的证词更有说服力。1997年亚洲金融危机爆发后，东亚奇迹的“龙虎经济”几乎被打回原形。世界银行前首席经济学家约瑟夫·斯蒂格利茨，这位因为说了太多真话而在美国前财政部长劳伦斯·萨默斯指示下被“强制退休”的经济学家，通过2000年4月《新共和》上发表的一篇《内部人：世界经济危机中我所知道的一切》，让普通人有机会知道了IMF和世界银行到底在亚洲金融危机中干了什么。

“我从1996年到2000年9月担任世界银行的首席经济学家，经历了半个世纪以来最严重的世界经济危机（亚洲金融风暴、拉美和俄罗斯金融危机）。我亲眼目睹了IMF和它的控制者美国财政部对这次危机的措施，我被惊呆了。”

这位2001年诺贝尔经济学奖获得者发现，所有的亚洲金融危机受害国在等待IMF援手时都接到了同一份清单：首先是私有化，要求受援国将金融业、电信业、公用事业等国家战略产业彻底开放；其次是资本市场自由化，意味着国际资本更加自由地流入和流出；

再次是市场定价，IMF会提出对食品、饮用水和天然气等老百姓日常必需的产品大幅提价，最终的结果完全可以想象，大量的市民示威甚至暴动，资金四散奔逃，留下一片极其低廉的资产等待收购；最后是自由贸易，控制一国市场的机会向外资全面敞开。

更为困惑的是，这位克林顿政府的经济顾问委员会主席转任世行首席经济学家后发现，IMF和美国财政部在国际上推行的政策，恰好与其国内政策追求相反。他写道："我们在国内反对社会保障体系的私有化，然而我们却在国外提倡它；在国内我们反对平衡预算疗法，因为这会限制我们在经济下滑时使用扩张性财政政策，但在国外，当其他国家陷入衰退时，我们却强迫它们使用紧缩性财政政策；在国内，我们通过破产法来保护债务人，并且给予他们一个全新的开始，但在国外，我们把破产视为对贷款合同的肆意挑衅；在国内，我们认识到市场的局限性，并不相信市场原教旨主义，认为政府应该扮演一个重要的角色，但我们却在世界上其他国家推行市场原教旨主义……”

斯蒂格利茨最后在参与亚洲金融危机救助工作中发现了其中的秘密：一个或隐或现、节奏匹配的华尔街——美国财政部轴心指挥着一切。当美国财政部指导着IMF的国际金融体系踹开一国市场大门后，华尔街上的金融公司就开始拥有了永远赚不完的钱。

“资本流入时，它们能够赚钱；接着，通过向东道国提供怎样管理资本流动的咨询服务，它们能够赚到更多的钱；当这些国家陷入危机后，它们通过重建方面提供的建议，还是能够赚取更多的钱；当泰国等国在美国财政部和IMF催促下将陷入麻烦的公司拍卖时，它们就以低价购买危机国家的公司；有时它们在购买之后根本没有采取任何改革措施，而是等到经济恢复时，再把这些公司回售给泰国人。因此，无论情况如何变化，华尔街总是能够赚钱。”

在他看来，与危机国签订的协议背后掺杂了太多的利益，“尽管我们对衍生产品和投机资本将带来怎样的不稳定心知肚明，我们迫使外国开放它们的资本市场，让我们的衍生产品和投机资本进入这些市场，因为华尔街想要这样，而且华尔街想要的比它们可能获得的还要多。”

这样想的还包括美国顶尖的贸易理论自由派经济学家贾格迪什·巴格沃蒂。这位前关贸总协定（GATT）总干事阿瑟·邓克尔的经济政策顾问，积极为WTO推动自由贸易做理论准备的哥伦比亚大学教授，曾经对华尔街30多年来过度占据美国财政部要职表示难以释怀的质疑，“太多的美国财政部长认为他们是华尔街的部长。华尔街之所以对华盛顿具有超凡的影响力，原因很简单，趣味相投、地位显赫的各界名流形成了一个小圈子，他们大多来自华尔街、财政部、国务院、IMF以及世界银行等著名的机构。”

这当然是公开的秘密。例如，美国克林顿政府的前财政部长鲁宾来自高盛，离职后又去了花旗银行；小布什政府的财政部副部长罗杰·阿特曼来从华尔街来到财政部，接着又回去了；老布什的财政部长尼古拉斯·布雷迪现在重操金融旧业；前世界银行行长沃尔芬森原本就是华尔街投资银行家；前世界银行行长罗伯特·佐利克任职前的身份是高盛集团副董事长；小布什政府的财政部长保尔森是高盛前董事长；他的前任约翰·诺斯卸职后掌管了美国最大的私人股权投资基金Cerberus资产管理公司；奥巴马政府的财政部长蒂莫西·盖特纳是处置墨西哥金融危机和亚洲金融危机的主力队员，更是2008年国际金融危机救助华尔街的操盘手；继任者雅各布·卢则履任前是花旗集团全球财富管理部门首席运营官。事实上，美国自1995年至今产生的八位财政部长，除了2001—2002年保罗·亨利·奥尼尔来自美铝公司，其他的都来自华尔街或者与华尔街有深刻渊源。而现任美国财政部长史蒂芬·努钦，此前在高盛服役了17年，就职前是高盛董事长。

假如没有2008年的国际金融危机，所有的这些可能都被理解为“美国为什么能够战无不胜”的制度优越性。然而，新自由主义孵化的这次“金融原爆”，在金融垄断资本的中心——华尔街升腾而起，引发了比1929年世界大危机更强的“链式反应”……至今过去近十年，危机不但没有远离，反而在不断深化过程中在全世界范围内加深政治分裂、社会对立、宗教冲突和民族矛盾，从制度的更深层次摧毁和动摇着现行世界政治经济秩序的地基。

现在，越来越多的西方中产阶也加入到了全球经济“大输家”的队伍中。有将近50%的美国人形容自己是“下层阶级”，而2000年时的比例为1/3。根据麦肯锡2017年的数据，逾1.6亿西方人如今在所谓的零工经济中工作，数倍于5年前的人数，但他们在总体财富中所占份额一直在下降，如今收入最低的50%美国人仅占有本国财富的1%。2015年，在奥巴马任期末尾，美国收入中值才刚刚回到了衰退前的水平，目前仍然低于本世纪初的水平。

与此相反，0.1%甚至0.01%的巨富阶层成了最终极的成功者。自从比尔·克林顿离任之后，克林顿一家赚到了2.35亿美元的演讲费——其中很多都来自那些对众多中产阶级的房屋止赎的华尔街银行。在离任后几周内，奥巴马就为华尔街一家公司演讲而得到了40万美元——与总统的薪水一样多。

所以，当看到曾在2008年投票支持巴拉克·奥巴马的美国白人工人阶级，有将近四分之一在2016年转而支持特朗普；日产（Nissan）公司在英国桑德兰的工人，违背了自己的经济利益而投票支持了英国脱欧；法国、德国、奥地利的极右翼势力裹挟了众多民意以致强烈震荡欧洲政坛……大西洋两岸的选民做出如此愤世嫉俗的反应，应该没什么大惊小怪的。

现在，败退下来的新自由主义精英群体们，都不得不面对一个问题，为什么“历史的终结”只持续了20年？原因可能很简单，新自由主义发展模式是一部“只有油门、没有刹车”的资本“战车”，除了不断地积累资本和贫困，并直至冲向毁灭，别无他途。正如2014年6月3日《金融时报》首席经济评论员马丁沃尔夫撰文所称，“资本主义确实易发生危机……这些结论将我们置于一种无助境地——我们的命运明显被绑到了一部末日机器上。”

“一个国家发展道路合不合适，只有这个国家的人民才最有发言权。”两天后的2014年6月5日，中国国家主席习近平在“中国—阿拉伯国家合作论坛”第六届部长级会议给出了中国发展的智慧，“履不必同，期于适足；治不必同，期于利民”，“正像我们不能要求所有花朵都变成紫罗兰这一种花，我们也不能要求有着不同文化传统、历史遭遇、现实国情的国家都采用同一种发展模式。否则，这个世界就太单调了。”

遭遇成长困惑的中国与世界

自2010年中国超越日本成为世界第二大经济体以来，GDP稳居世界第二位，占世界经济总量的比重逐年上升。据国际货币基金组织（IMF）数据计算，2016年，中国GDP为11.2万亿美元，占世界总量的14.9%，比2012年提高3.4个百分点。同时，中国制造业产出占世界比重超过21%，连续7年保持世界第一制造大国地位。在500余种主要工业产品中，超过220种产量位居世界第一。2015年，中国人均国民总收入（GNI）达到7900美元，远高于中等收入国家的平均水平，相当于世界平均水平的74.9%。世界经济论坛《2015—2016年全球竞争力报告》显示，2015年中国国际竞争力在140个国家和地区中排名第28位。

然而，走进新千年后，飞速发展的中国社会经济遭遇到了越来越多的成长困惑。尤其是新世纪第二个十年，我国经济进入了增长速度换挡期、结构调整阵痛期、高速投资消化期“三期叠加”的新阶段。在这一背景影响下，政治、经济、社会、文化、生态诸多发展领域的动力和环境开始发生深刻变化，面临的挑战越来越多：

一是“稳增长”与“调结构”的两难困境。

中国自2010年第一季度，连续18个季度经济增长减速，持续长达四年多的增长减速是中国改革开放以来第一次遭遇。与此相伴，工业经济下行走势更为突出：2011年规模以上工业增加值增速从13.9%的双位数水平，一路下降至2016年上半年的6%；规模以上工业企业利润总额增速从2011年的25.4%，甚至降至2015年的-2.3%。这些表明，当前中国经济“稳增长”任务十分艰巨。

同时，又正在经历“调结构”的“阵痛”。2003—2014年，中国固定资产投资主要流向制造业和房地产业，年均投资增速分别为25%和24%。大量投资涌入钢铁、水泥、平板玻璃、化工、纺织、金属、造纸等基本产业，使得这些行业的产能快速增加；而金融危机后市场需求低迷，但投资仍保持较快增速，最终导致过度投资。

2008年金融危机后，中国政府为稳增长实施了大规模刺激计划，同步采取了信贷扩张和降息的政策来刺激经济增长，形成了大量公共基础设施投资，进一步刺激了钢铁、水泥、金属等上游产业的快速复苏和扩张。随后，还出台了“十大产业调整振兴规划”，促进钢铁、船舶工业、纺织、轻工、有色金属、装备制造、石化、汽车、电子信息、物流等十大关键产业的增长和就业。这些刺激政策对于中国经济企稳回暖起到了重要作用，但毫无疑问也加剧了产能过剩。

但是随着经济刺激措施逐渐退出，产能过剩行业的销售收入增长率从危机前的30%下降至2014年的5%，税前利润增长率在2012年甚至下降至-8.9%，资产回报率持续恶化。比如有色金属业在2013年出现了最严重的下滑，回报率同比下降27%。

这意味着，“稳增长”要求做加法，需要维持一定的工业经济增速；“调结构”很多时候要求做减法，需要不断调减工业发展中过剩、落后的产能，对中国经济发展形成了强大挑战。

二是发达国家与发展中国家的双重竞争压力。

国际金融危机发生以来，发达国家纷纷实施“再工业化”和“制造业回归”战略，力图抢占高端制造市场并不断扩大竞争优势。进入21世纪的第二个十年，一方面，美、德、法、英等国最先嗅到了产业变革的气息，先后发布了《美国先进制造业国家战略计划》《德国工业4.0战略》《新工业法国计划》《英国工业2050战略》等；另一方面，新兴经济体利用更低的人力和资源成本，积极承接劳动密集型产业和低附加环节转移。印度于2014年9月推出了“印度制造”战略，采取一系列政策措施吸引外资，并改革劳动法规、简化审批程序等，意图利用本国的人口数量和成本优势，吸引外资在印度投资设厂，打造新一代的“世界工厂”。巴西等其他新兴市场国家也在积极承接国际产业转移。预计未来一个时期全球范围内围绕市场、全球技术、资本和产业转移的竞争将更为激烈，将对中国经济发展带来了深刻影响甚至冲击。

三是传统比较优势递减和新竞争优势尚未形成的两难局面。

一方面，低成本优势快速削弱。低廉的土地、人力、税收、环境等生产要素是以往我国经济发展的重要优势来源。但近年来，中国劳动力成本不断上升，各种资源环境约束的逐步加强，中国经济的价格优势已经逐步削弱，投资回报率不断递减；另一方面，创新、品牌等新的竞争优势尚未形成。目前，中国创新能力有了突飞猛进的大进步，但原始创新和核心创新仍然较为薄弱，高等院校、科研院所与企业各自创新活动目的分化，跨领域多主体的协同创新体系和有效机制也未形成。其中，制造业自主品牌市场认可度相对较低，与国际知名品牌相比，品牌附加值低、竞争力弱，顾客美誉度和忠诚度都有待提高。美国《财富》杂志研究表明，2015年苹果以占全球17.2%的市场份额拿到了全球手机智能市场利润的9成，而我国华为、小米公司产品虽然市场占有率为8.0%和5.3%，但利润份额却与苹果公司的产品无法相比。在2016年世界品牌500强榜单中，美国企业达227个，占全球总数的45.4%。中国为36个，居世界第5位，排在美国、法国、英国、日本四国之后，与中国是世界最大消费市场的地位不符。

四是经济发展绿色转型和创新驱动重任的双重叠加。

传统经济增长方式积累的生态环境问题正在全面凸显：一是环境承载能力达到或接近上限；二是人民群众对环境的承受能力接近极限。目前，中国70%的城市空气质量不达标，水污染的问题比较普遍。环境问题不仅威胁老百姓健康，还成为引发社会矛盾的导火索；三是推进绿色转型，既是解决我国生态环境重建的根本出路，同时也是把握“工业革命4.0”战略机遇的关键所在。未来能否通过加快新能源产业对经济发展基础进行系统性重构，调整不合理的产业结构，成为我国战略转型的重大挑战。

与此同时，中国已进入工业化中后期，创新驱动成为最为迫切的战略任务。但很明显，我国并没有形成与全球第二大经济体规模相适应的自主创新优势：一是核心技术受制于人。中国知识产权对外依存度高达60%，在核心技术方面甚至高达90%。2015年中国知识产权国际收入仅为10.8亿美元，而美国高达1246.7亿美元，是中国的115倍，中国仍然是知识产权收益赤字国。二是缺乏全球知名品牌。出口导向下的“中国制造”很大程度上是“中国加工”的代名词。在iPhone的价值构成中，中国工厂组装所获得的价值仅占成本的1.8%，而拥有核心技术的苹果公司所获得的巨额利润，使得每部iPhone对美国GDP的贡献达400美元。三是产学研脱节现象未有根本解决。中国研发人员数量全球第一，研发经费支出规模全球第二，国际高被引论文、热点论文数量全球第三，PCT国际专利申请数量全球第三，但我国科技成果转化率仅为10%左右，远低于发达国家40%的水平。

五是经济下行风险和社会矛盾的双碰头现象。

新世纪第二个十年以来，经济运行的矛盾和风险明显加大。这不仅表现为部分行业的严重产能过剩，以及地方债务和房地产泡沫的快速积累，而且反映在结构调整滞后、生态环境危机因素增多、创新能力不足等结构性矛盾加大了经济运行的潜在风险。尤其是一段时期以来，国内市场流动性过剩，一些金融机构借银行理财、信托投资的名义在追逐“钱生钱”的虚拟游戏，造成实体企业严重“失血”。有测算表明，目前小微企业获得的贷款在全部贷款中的比例仅20%。而实体经济经营困难，反过来又使金融部门不愿介入，由此形成恶性循环，严重影响整体经济的健康。与此相伴，当前中国贫富差距依然较大，利益主体多元化、利益格局固化引发的社会利益矛盾与社会冲突在一定范围内有所突显。此外，由于公共服务仍然短缺，社会保障水平较低、社会不公、社会信用缺失等，导致社会问题增多，老百姓抱怨增多，群体性事件表现突出。特别是，受经济结构转型和国家经济危机冲击影响，过去经济高速增长“一俊遮百丑”的时代成为历史，经济下行压力开始与社会矛盾碰头，正在使一些潜在的社会风险因素有可能积累加大并浮出水面。

六是“看得见的手”与“看不见的手”双双遭遇“天花板”。

就“看得见的手”而言，曾经依靠政府主导和全面政策刺激拉动GDP增长的边际效应明显递减，且难以为继。但从地方到部门，政府主导型经济增长方式尚未根本改变，甚至一度有自我强化的趋势。中央地方关系仍以经济总量为导向，政府职能的转变远未到位，政府转型尚未破题。决策权、执行权和监督权不分的行政权力结构，权力运行不规范、难以有效制约，权力与市场结合得到了制约但没有在制度层面根除，政府自身利益倾向等矛盾和问题仍然突出。

就“看不见的手”而言，市场是一种分工交易体系，包含了一系列的基础制度，包括法治、契约、有限政府等。然而，在相当长时期里，市场在国内的理论和实践中都被当作一种资源配置的工具，带来了政府替代市场的危险。把“看不见的手”作为工具，意味着利用市场是一种权宜之计：如果市场作为工具的效果在某些时候低于其他工具，那么作为工具的市场就有可能被干预。在某些极端情况下，如果认为市场带来的问题多于其他问题，市场甚至有可能被抑制或者被放弃。尤其是国际金融危机后，某些中国地方和政府部门甚至一定程度上出现了“看得见的手”替代“看不见的手”的施政苗头。具体表现在，政府仍然掌握着主要生产要素的配置权，相当多的资源还不能实现有效的市场配置；国有资本投资扩张缺乏有效市场约束，尽管“非公36条”和“新36条”明确了“非禁即可”的基本原则，社会资本仍然面临体制和利益多方面的“玻璃门”；“看得见的手”频繁干预“看不见的手”，“增长主义”政府倾向不断挤压市场配置资源的空间。

这些成长中的烦恼抑或发展中的困惑，强烈暗示中国发展模式的转型日趋紧迫。早在新世纪之初，以胡锦涛为总书记的中央领导集体就注意到中国外需依赖型和资源消耗型发展模式隐藏的风险和矛盾，提出“科学发展观”，强调以人为本、实现全面协调可持续发展、构建社会主义和谐社会，力推中国经济发展转型，甚至在危机爆发前的2007年，中央宏观调控就开始加大调整转型力度。然而，囿于当时社会准备不足，而未得以全面贯彻执行。

也正是因为饱受传统发展模式的制约，中国一度成为国际金融危机最大的受害国之一。统计数据显示，2016年中国外贸依存度33.1%，数据回落到了18年前的1999年。事实上，我国外贸依存度2006年达到64.8%的历史峰值后，提前国际金融危机爆发两年就已开始下滑，直到今天倒退到18年前，说明这场危机对中国的冲击极其剧烈，以致成为导致中国经济增速2010年后不断降低的关键影响因子之一。所有这些也同时印证了，改革开放三十多年后，中国发展转型的内在紧迫性，一直是现阶段和未来相当长时间主导中国经济社会变革的核心内因。

中国发展遭遇的这种困惑和烦恼，同样在国际社会范围内迅速扩展。从发展矛盾看，新世纪第二个十年最突出的变化就是，一方面，全球化迅猛发展，使得各国发展所需要的协调深度和广度达到了前所未有的高度，任何单边或双边的方式都无法解决诸如经济危机、金融危机抑或气候和环境等全球性问题，必须是多边的集体行动；另一方面，民粹主义冲击下的发达国家的国家治理日益分裂和破碎，西方保护主义和孤立主义思维意识不断强化，正在加大全球发展的协调难度。

尤其是西方发展模式急剧衰颓，世界各国发展共识日趋分化，最明显的标志就是人类社会中道德信仰迷失和宗教极端势力泛滥相共存，人类面对着发展模式和道路的大抉择。为此，无论是发达国家还是发展中国家的政策实践者和研究学者，都开始反思和寻求新道路、新理念和新理论，以期重建国际政治经济新秩序和经济社会发展新模式。包括中国在内的人类未来何处去？亟待发展新思想、新信念、新理想的明灯指引。

审视21世纪以来演变出的这个复杂的世界格局，可以很清晰地看到，全球的变化与中国紧密关联，而中国日益全球化的发展特质也决定了：要搞好全球的治理，就要搞好占1/5世界人口的中国的治理。中国内部的治理搞好了，那么全球的治理也就有了希望。如果中国内部治理搞不好，全球的治理也很难有前途。因为不管中国干好干坏，中国对世界的影响就在那里，不是想不想出头、想不想取代谁的问题。

正是在这千年未有之大变局的沧海横流时刻，十八大报告向世人宣告“两个一百年”的奋斗目标和中华民族伟大复兴的“中国梦”。这既是以习近平总书记为核心的中央领导集体的宣言书，也是13亿多国人为实现民族复兴大业对执政党的时代要求，更是中华民族再次为人类发展探索全新道路拉响的启航汽笛。

第二章

马克思主义政治经济学的 21 世纪复兴

徘徊在金融危机上空的"幽灵"

总书记和《资本论》

中国特色社会主义政治经济学从未离场

“大约是在世纪之交的一次午餐会上，乔治·索罗斯问我怎么看马克思。我知道我们之间的观点没有什么共同之处，因而想避免争论，给出了一个含糊的回答。他说：‘此人150年前发现了资本主义的一些事实，我们今天必须予以关注。’他的确是这样做的。”

2011年，国际金融危机爆发已两年多，当代马克思主义史学家、英国科学院院士埃里克·霍布斯鲍姆接受采访中，回忆了这个东亚金融危机中兴风作浪者的一件轶事。他只是想告诉读者，当全球资本主义正在经历自20世纪30年代初以来最严重的动荡和危机时，已经无人再对马克思回到了公众视野中表示怀疑。

诚如霍布斯鲍姆所感叹，“英国广播公司的调查表明，它的听众把马克思选为最伟大的哲学家。我从这个调查中没有想到太多的东西。但是，如果你把马克思的名字输入Google进行搜索，就会发现他仍然是搜索量最大的伟大思想家之一，只有达尔文和爱因斯坦超过他，但却远远高于亚当·斯密和弗洛伊德。”

徘徊在金融危机上空的“幽灵”

已故著名哲学家俞吾金曾叙述过一个“无法漠视”的历史现象：20世纪90年代初，随着世界上第一个社会主义国家——苏联的解体，马克思主义似乎像“幽灵”一样返回到无人区。在有些社会主义国家中，马克思和列宁的立像被推倒，欧洲的报纸则充斥着“共产主义已经死亡”的标题，而弗朗西斯·福山也以为资本主义获得最终胜利的时刻已经来临。与此同时，所有视马克思主义为敌对意识的理论家们也开始额手称庆，为自己见证这一历史时刻而欣喜若狂。在这样的历史背景下，即使人们举行专门的讨论会来谈论马克思，似乎也只是在做无效的努力，即把马克思从“历史的垃圾堆”里拯救出来，或至多只是在怀旧而已。然而，令福山们始料不及并大跌眼镜的是，几乎是在转瞬之际，仿佛像变魔术一样，马克思又成了无人可以望其项背的21世纪的思想家。

事实上，每一次资本主义危机爆发，都会把马克思或者马克思主义幽灵召唤回来。2008年国际金融危机爆发后，《资本论》再度成为西方世界的畅销书。法国前总统萨科齐特意让人给他拍摄了一张翻阅《资本论》的新闻照片。《纽约客》经济专栏作家约翰·卡西迪断言马克思主义与当前时代的相关性“将被重新发现”，认为“只要资本主义存在，马克思的著作就值得阅读”。

2009年，美国普林斯顿大学伍德罗·威尔逊学院历史及国际关系教授哈罗德·詹姆斯以《马克思主义的复兴》为题撰文称，“马克思主义”的复苏或许就是目前这场危机的一个必然结果，“马克思重新受到欢迎，表明人们普遍认为资本主义已经从根本上破产，而金融系统就是其中的核心问题。”英格兰银行货币政策委员会成员威廉·比特，甚至提议将整个金融部门作为公共事业，认为“银行没有任何理由继续作为私有的营利机构存在”。这一提议无意间完全呼应了《共产党宣言》中所提的“把信贷集中在国家银行”中的要求。

霍布斯鲍姆认定，马克思主义之所以在21世纪得到了复兴，一是苏联官方马克思主义的终结解放了马克思。也就是说，由于苏联官方马克思主义的垮台，马克思主义从其长期处于扭曲状态的斯大林主义中被拯救出来了；二是滥觞于20世纪90年代的资本主义的全球化，在一些基本点上恰好与马克思在《共产党宣言》中所预见的情形相契合。令人匪夷所思的是，2008年是《共产党宣言》发表160周年，恰好也是全球经济剧烈动荡之年。公众的反应最清楚不过地体现出马克思在这本惊人的小册子中所做出的预见。

因为他们清楚地看到，在整个国际金融危机爆发乃至持续演变发作的这些年来，“市场”没有为21世纪面临的重大问题提供任何答案：在追求不可持续的利润过程中，无限制的和日益高科技化的经济增长，积累了比人类此前所有世纪创造的财富还要多的财富，但是却是以史所罕见的规模和力度牺牲乃至摧毁着人类社会难以承受的劳动力资源和全球自然资源。经济自由主义和政治自由主义，无论是单独还是联合起来，都不可能为21世纪的种种问题提供解决方案。于是，马克思理所当然地重新回到了人类的记忆中。

正是马克思主义这种历史回归，激发出了一个振聋发聩的问题：马克思在21世纪究竟具有什么意义？如果说，在20世纪最后的十余年中，社会主义国家的发展遭遇了巨大困境或挫折，那么从21世纪初以来的十余年中，资本主义世界也面临着同样严峻的挑战。尽管全球化的发展加快了财富创造的速度，但贫富差异的加剧、文明冲突的升级、资源环境的破坏、资本主义制度的危机，也以前所未有的方式显现出来。正如俞吾金所言，在某种意义上，21世纪是由“9·11”恐怖事件拉开帷幕的，2008年以来由美国次贷危机引发的全球金融危机，不但粉碎了福山们心目中关于资本主义发展的理想图景，也重新唤起了人们对《资本论》的缅怀，“发人深省的是，作为资本主义社会病理的出色的诊断书，1867年问世的《资本论》在141年后重又获得了它的殊荣。”

之所以会有横亘两个世纪的思想威力，正源于马克思是全人类的而不只是某一部分人的思想家，马克思主义创始了现代社会科学并构成了认识人类社会的指南。作为新当选法国总统马克龙的政治导师，法国政治和经济学学者、国务活动家雅克·阿塔利，在其2005年出版的马克思传记《卡尔·马克思》一书中反复强调马克思思想的普遍全面性，这不是传统意义上的“跨学科性”，而是对所有学科的整合，“在他之前的哲学家们按照人的总体性思考了人，但他是第一个把世界作为政治、经济、科学和哲学的整体来理解的人。”诺贝尔经济学奖获得者约翰·希克斯对此尤为服膺，“大多数希望弄清历史一般进程的人，会使用马克思主义的范畴或者这些范畴的某种修正形式，因为几乎没有其他的范畴形式可用。”

因此，作为一个伟大思想家，马克思对资本主义富有远见的诊断结果，远远没有被资本主义的最新发展所超越。第一个层面是马克思所提出的资本主义的基本问题仍然没有得到回答，更不用说解决；第二个层面是《共产党宣言》所说的“每个人的自由发展是一切人的自由发展的条件”的社会理想，至今仍然无法超越。这个尚未实现的对人类历史而言最崇高的共同奋斗目标，意味着“改变世界”这个重大历史责任仍然有待21世纪的人类给出自己的行动答案。对此，霍布斯鲍姆坦承地说：“我们无法预见21世纪世界所面临的问题的解决方案，但是，倘若这些解决方案要获得成功的机会，它们就必须提出马克思所提出的问题，即便它们不愿意接受马克思的各类继承者所给出的答案。”在这个意义上，几乎可以断言，马克思和马克思主义在21世纪的思想界中仍将是“第一小提琴手”。

总书记和《资本论》

“人类社会每一次重大跃进，人类文明每一次重大发展，都离不开哲学社会科学的知识变革和思想先导……当代中国正经历着我国历史上最为广泛而深刻的社会变革，也正在进行着人类历史上最为宏大而独特的实践创新。这种前无古人的伟大实践，必将给理论创造、学术繁荣提供强大动力和广阔空间。”

2016年5月17日，习近平总书记在哲学社会科学工作座谈会上强调，我国哲学社会科学的一项重要任务就是继续推进马克思主义中国化、时代化、大众化，继续发展21世纪马克思主义、当代中国马克思主义。

事实上，习近平同志对此不但感同身受，而且身体力行。改革开放后，一度相当长时间内，经济学的学习和实践，不再把马克思主义政治经济学当作最基本分析理论，而被西方经济学完全覆盖。但回头来看，恰恰马克思主义政治经济学才是真理、才是基础。这一点，习近平给所有中国人带了个好头。

2001年，时任福建省人民政府省长的习近平，在《东南学术》杂志第四期上发表了一篇题为《对发展社会主义市场经济的再认识》的学术论文。当时，时值习近平同志在清华大学攻读马克思主义理论与思想政治教育专业在职研究生的学习期间。这篇长达18000余字的论文，关键词就是《资本论》和社会主义市场经济，是他结合自己施政实践经验研读马克思《资本论》的思想结晶。

现在，阅读这篇文章，留给人最深刻的印象，就是在西方经济学“如日中天”的新世纪之初，作者娴熟而坚定自信地运用辩证唯物主义和历史唯物主义思想，以包容和吸收古今中外人类发展智慧的气度，对如何认识和发展社会主义市场经济，做出了极具启示意义的独立思考：

面对《资本论》能否指导当代社会主义实践这一

困扰近百年的世界性和历史性理论难题，习近平给出了自己的思考：

“由于马克思的《资本论》毕竟是以资本主义生产为研究对象的，它所揭示的许多原理一方面符合资本主义的生产实际，另一方面又必然带有明显的社会局限性。因此，对于以产品经济为基础的社会主义计划经济来说，《资本论》所阐明、揭示的许多原理和规律，自然是一种过时的理论，不再具有时代的指导意义。”

在习近平看来，“所谓社会主义计划经济的理论，实际上是后人将自己的思想和认识硬加到了马克思的头上，把不是马克思的东西说成是马克思的，给历史开了一个天大的玩笑，因而也就不可能去有效地指导社会主义经济建设的具体实践。”

同时，给出了自己的论断，“如果说马克思在《资本论》中揭示的关于资本主义生产的基本原理和规律难以适用于社会主义条件下的计划经济的话，那么，对于我们当前正在大力发展的社会主义市场经济，却具有极为重要的指导意义。这是因为，无论是私有制的市场经济，还是以公有制为主体的市场经济，只要市场经济是作为一种经济运行机制或经济管理体制在发挥作用，市场经济的一般性原理及其内在发展规律同样都是适用的，诸如价值规律、竞争规律、供求规律、积累规律、社会资本再生产的社会总产品实现规律，以及利润最大化原理、提高利润率和积累率的方法、竞争与垄断理论、经济危机理论等等，都同样适用于发展社会主义市场经济的实践。”

因此，“正是从这一意义上来说，马克思在《资本论》中所揭示的科学原理并未过时，马克思主义的政治经济学理论体系依然闪烁着真理的光芒，越是发展社会主义市场经济，越是要求我们必须深刻地去学习和掌握《资本论》所阐述的科学原理，并善于运用这些科学理论去指导好发展社会主义市场经济的伟大实践”。

值得注意的是，习近平结合自己的施政实践，通过研究《资本论》，对社会主义公有制基本制度和市场经济如何有机融合成为社会主义市场经济制度这个世界性和历史性的实践难题和制度难题，给出了开拓性的思考。

首先，他强调，市场经济是一种与资本主义私有制浑然融为一体的经济运行方式，要使之能够像发展资本主义生产那样推动社会主义经济的发展，就必须将市场经济与社会主义有机地融为一体。

那么，二者能否实现有机融合？或者说有机融合的现实基础何在？习近平引述说，19世纪80年代初，马克思提出了著名的飞越“卡夫丁峡谷”的思想，指出一些发展落后的国家可以越过资本主义走进社会主义，它可以不通过资本主义制度的卡夫丁峡谷，而吸取资本主义制度所取得的一切肯定成果。

“但是，我们也必须看到，经济发展落后的国家在社会制度上能够越过‘卡夫丁峡谷’，并不等于它们在经济发展上也必然能够越过商品经济的‘卡夫丁峡谷’，马克思和恩格斯从来没有这样的表述和设想。国际共产主义运动的实践也充分证明，商品经济是那些经济基础薄弱、发展落后的社会主义国家不可逾越的发展阶段，俄国如此，由半封建、半殖民地社会进入社会主义社会的中国更是如此。”

习近平得出结论，“既然在社会主义初级阶段乃至整个社会主义阶段都离不开商品经济特别是发达的商品经济，这就决定了社会主义与市场经济必然是相容的。同时，也正是基于这一根本原因，决定了《资本论》所揭示的科学原理，对建立和发展社会主义市场经济具有重要的指导意义。”这也就是说，“只有当二者能够像资本主义与市场经济那样相互融为一体的时候，社会主义市场经济才能在发展社会生产力、推动社会主义经济和社会快速发展方面发挥出巨大作用。”

基于长期对马克思主义政治经济学的娴熟运用和独立思考，习近平同志把对社会主义经济制度尤其是社会主义市场经济制度的认识提高到了新的理论高度。这也为他在12年后的十八届三中全会《报告》中能够做出“使市场在资源配置中起决定性作用和更好发挥政府作用”的创造性论断，打下了坚实的基础。

十八大以来，正是源于这种长期积累的深厚理论素养，和坚定不移的理论自觉及理论自信，以习近平同志为核心的党中央，不但善于运用马克思主义政治经济学指导全面建成小康阶段的社会主义实践，而且在执政实践上不断对马克思主义政治经济学做出了一系列全新的发展，以至过去四年来中国特色社会主义政治经济学的重大创新，呈现出喷薄而出的活跃局面。

中国特色社会主义政治经济学从未离场

2014 年7月，习近平总书记在主持召开经济形势专家座谈会时指出："各级党委和政府要学好用好政治经济学，自觉认识和更好遵循经济发展规律，不断提高推进改革开放、领导经济社会发展、提高经济社会发展质量和效益的能力和水平 。"2015年11月，在主持以"马克思主义政治经济学基本原理与方法论"为主题的中共中央政治局第二十八次集体学习时，习近平强调："要立足我国国情和我国发展实践，揭示新特点新规律，提炼和总结我国经济发展实践的规律性成果，把实践经验上升为系统化的经济学说，不断开拓当代中国马克思主义政治经济学新境界。"从"学好用好政治经济学"到发展"系统化的经济学说"，体现了习近平关于马克思主义政治经济学是坚持和发展马克思主义“必修课”，要为马克思主义政治经济学新发展贡献“中国智慧”的思想，也体现了对当代中国马克思主义政治经济学发展已经到了理论体系全面形成的关键阶段。

事实上，改革开放的经济实践是当代中国马克思主义政治经济学的事实依据，中国特色社会主义马克思政治经济学也从未在三十多年波澜壮阔的改革开放中须臾离场。正如中央马克思主义理论研究和建设工程咨询委员、首席专家顾海良所言，马克思主义政治经济学从来就主张“从当前的国民经济的事实出发”，即从实际的和现实的经济关系和经济问题出发。当代中国马克思主义政治经济学的建设和发展，深刻地立足于我国国情和我国社会主义经济改革的实践，是对这一实践中形成的规律性成果的揭示和提炼，是对这一实践中积累的经验和理性认识的升华。三十多年改革开放进程中的艰辛探索，为中国马克思主义的“系统化的经济学说”奠定了重要基础，形成了具有中国特色社会主义政治经济学的一系列重要理论观点所构成的中国政治经济学“系统化的经济学说”。

比如，社会主义初级阶段、社会主义主要矛盾、经济体制改革、社会主义本质、“三个有利于”、家庭联产承包责任制、先富和共富、社会主义市场经济、国有经济、民营经济、小康社会、新常态、新发展理念、全方位对外开放和“以人民为中心”的国家治理思想等属于原创性的理论学说以及更多批判继承性的理论学说。所有这些构成当代中国政治经济学“系统化的经济学说”的“崭新的因素”，成为当代马克思主义政治经济学中国话语和学术范式的显著标识。

例如社会主义初级阶段理论。社会主义初级阶段是当代中国最重要的国情，也是最基本的经济形式和经济事实。顾海良认为，中国的“系统化的经济学说”，就是以社会主义初级阶段背景的中国道路探索为实践基础，就是以社会主义初级阶段的经济关系及其相联系的经济制度和经济体制为对象的。中国特色社会主义政治经济学“系统化”的内在规定就在于，它是以社会主义初级阶段经济关系本质研究为前提，以社会主义初级阶段基本经济制度和经济体制探索为主题，以社会主义经济制度和市场经济体制结合、发展和完善研究为主线，以此形成中国社会主义初级阶段经济关系的总体理论。

例如社会主义市场经济理论。1984年，邓小平同志在提到党的十二届三中全会通过的《中共中央关于经济体制改革的决定》时认为，“社会主义经济是公有制基础上的有计划的商品经济”，是适合于当时中国经济体制改革实际的“新话”，这些“新话”给人以“写出了一个政治经济学初稿”的印象，这是“马克思主义基本原理和中国社会主义实践相结合的政治经济学”。邓小平认为：“过去我们不可能写出这样的文件。写出来，也很不容易通过，会被看作‘异端’。我们用自己的实践回答了新情况下出现的一些新问题。”这位改革开放的总设计师敏锐地把握了中国政治经济学“系统化”的显著特征。

正是在“社会主义经济是公有制基础上的有计划的商品经济”的基础上，中国特色社会主义政治经济学“初稿”不断书写出新的篇章。党的十四大提出社会主义市场经济体制改革的目标模式，党的十五大提出“使市场在国家宏观调控下对资源配置起基础性作用”，党的十六大提出“在更大程度上发挥市场在资源配置中的基础性作用”，党的十七大提出“从制度上更好发挥市场在资源配置中的基础性作用”，党的十八大提出“更大程度更广范围发挥市场在资源配置中的基础性作用”，直到党的十八届三中全会提出“使市场在资源配置上起决定性作用和更好发挥政府作用”……理论是以实践探索为依据而得以发展、完善，实践也以理论创新为指导而得以深化、前行，从而形成了当代中国马克思主义政治经济学对既有的传统理论观点的重大突破。

顾海良对此解释说，以经济体制改革的实践为依据，中国政治经济学形成了市场经济体制必然要与一定的社会基本经济制度“结合起来”的创新性理论。

这一“结合起来”的中国话语的意蕴就在于：“我国实行的是社会主义市场经济体制，我们仍然要坚持发挥我国社会主义制度的优越性、发挥党和政府的积极作用。”提出处理好政府和市场的关系，实际上就是要处理好在资源配置中市场起决定性作用还是政府起决定性作用这个问题。同时，使市场在资源配置中起决定性作用，并不是排斥政府的作用，而是要认识发展社会主义市场经济，既要发挥市场作用，也要发挥政府作用，使市场作用和政府作用这“两只手”各司其职又协调互助、相得益彰。显然，从理论上对政府和市场关系的进一步定位，是以中国经济改革实践为依据的，也是对这一实践经验的理性提升，是当代中国马克思主义政治经济学的重要呈现。

面对未来，当代中国马克思主义政治经济学在决胜全面建成小康社会的经济发展进程中，有着多方面的新发展，蕴藏着“系统化的经济学说”创新的难得的历史机遇。因为，中国特色社会主义政治经济学的这些方面的理论成就，是以中国经济事实和实际为背景和基础的，说的是中国的事情，直面的是中国的问题，提出的是办好中国的事情、解决好中国问题的理论和对策，因而形成的也是适合于中国社会主义初级阶段国情和时代特点的当代中国马克思主义政治经济学。

可以说，当代中国马克思主义政治经济学立足于我国国情和社会主义经济改革的实践，是对这一实践中积累的经验和理性认识的升华，也是在对马克思主义政治经济学基本原理更为宽广视域的研究和运用中，对马克思主义政治经济学时代特色的彰显。同时，当代中国马克思主义政治经济学既重于吸收和借鉴各种经济学理论的精华之处，又善于摒弃和批判其糟粕之处，在发展中逐渐形成交流 、交融、交锋等多种对待方式。

比如，关于社会主义初级阶段基本经济制度的理论；关于树立和落实创新、协调、绿色、开放、共享的发展理念的理论；关于发展社会主义市场经济、使市场在资源配置中起决定性作用和更好发挥政府作用的理论；关于我国经济发展进入新常态的理论；关于推动新型工业化、信息化、城镇化、农业现代化相互协调的理论；关于用好国际国内两个市场、两种资源的理论；关于促进社会公平正义、逐步实现全体人民共同富裕的理论；关于供给侧结构性改革的理论……

实践表明，这些理论成果，是适应当代中国国情和时代特点的政治经济学，充分体现了当代马克思主义政治经济学理论的最新成果，更是马克思主义政治经济学通过中国社会主义具体实践的21世纪复兴，为“两个一百年”的奋斗目标和中华民族伟大复兴的“中国梦”，指明了最优路径。

第三章

决胜“第一个百年目标”的“四个全面”

社会主义中国的“初心”

“四个全面”战略布局“横空出世”

驾驭全球化大潮　构建世界新秩序

“一带一路”倡议“唤醒”亚欧大陆

社会主义中国的“初心”

“95年前，中国人民对争取民族独立和人民解放、实现国家富强和人民幸福的渴望是多么强烈，但前途又是多么渺茫。今天，我们比历史上任何时期都更接近中华民族伟大复兴的目标，比历史上任何时期都更有信心、有能力实现这个目标。我们完全可以说，中华民族伟大复兴的中国梦一定要实现，也一定能够实现。”

“1949年3月23日上午，党中央从西柏坡动身前往北京时，毛泽东同志说：‘今天是进京赶考的日子。’60多年的实践证明，我们党在这场历史性考试中取得了优异成绩。同时，这场考试还没有结束，还在继续。今天，我们党团结带领人民所做的一切工作，就是这场考试的继续。”

2017年7月1日，在庆祝中国共产党成立95周年纪念大会上，习近平总书记发表了气势磅礴、催人奋进的长篇讲话。他通过追述近现代历史，证明了中国共产党诞生这一开天辟地的大事变，产生了三大“深刻改变”——深刻改变了近代以后中华民族发展的方向和进程，深刻改变了中国人民和中华民族的前途和命运，深刻改变了世界发展的趋势和格局。

95年的历史进程中，中国共产党做出了三大“伟大历史贡献”——“完成新民主主义革命，建立了中华人民共和国”“完成社会主义革命，确立社会主义基本制度”“带领中国人民进行改革开放新的伟大革命”，实现了“中国人民从站起来到富起来、强起来”的三次“伟大飞跃”，和“让中华文明在现代化进程中焕发出新的蓬勃生机”“让科学社会主义在21世纪焕发出新的蓬勃生机”“使中华民族焕发出新的蓬勃生机”三次“焕发出新的蓬勃生机”。

总结95年历史发展的规律，通过三个“历史告诉我们”，得出了三个“永不动摇”的历史启示——“历史和人民选择中国共产党领导中华民族伟大复兴的事业是正确的，必须长期坚持、永不动摇；中国共产党领导中国人民开辟的中国特色社会主义道路是正确的，必须长期坚持、永不动摇；中国共产党和中国人民扎根中国大地、吸纳人类文明优秀成果、独立自主实现国家发展的战略是正确的，必须长期坚持、永不动摇。”

为此，习近平总书记忠告“一定要不忘初心、继续前进”，并以“全面建成小康社会”的执政党八个成败关键寄语全党同志：

——坚持不忘初心、继续前进，就要坚持马克思主义的指导地位，坚持把马克思主义基本原理同当代中国实际和时代特点紧密结合起来，推进理论创新、实践创新，不断把马克思主义中国化推向前进。

——坚持不忘初心、继续前进，就要牢记我们党从成立起就把为共产主义、社会主义而奋斗确定为自己的纲领，坚定共产主义远大理想和中国特色社会主义共同理想，不断把为崇高理想奋斗的伟大实践推向前进。

——坚持不忘初心、继续前进，就要坚持中国特色社会主义道路自信、理论自信、制度自信、文化自信，坚持党的基本路线不动摇，不断把中国特色社会主义伟大事业推向前进。

——坚持不忘初心、继续前进，就要统筹推进“五位一体”总体布局，协调推进“四个全面”战略布局，全力推进全面建成小康社会进程，不断把实现“两个一百年”奋斗目标推向前进。

——坚持不忘初心、继续前进，就要坚定不移高举改革开放旗帜，勇于全面深化改革，进一步解放思想、解放和发展社会生产力、解放和增强社会活力，不断把改革开放推向前进。

——坚持不忘初心、继续前进，就要坚信党的根基在人民、党的力量在人民，坚持一切为了人民、一切依靠人民，充分发挥广大人民群众积极性、主动性、创造性，不断把为人民造福事业推向前进。

——坚持不忘初心、继续前进，就要始终不渝走和平发展道路，始终不渝奉行互利共赢的开放战略，加强同各国的友好往来，同各国人民一道，不断把人类和平与发展的崇高事业推向前进。

——坚持不忘初心、继续前进，就要保持党的先进性和纯洁性，着力提高执政能力和领导水平，着力增强抵御风险和拒腐防变能力，不断把党的建设新的伟大工程推向前进。

“四个全面”战略布局“横空出世”

正是对马克思主义政治经济学理论工具的成熟驾驭和“不忘初心，继续前进”的矢志不渝，以习近平同志为核心的党中央，为全面落实党的十八大所提出的2020年全面建成小康社会和全面深化改革开放的宏伟目标，五年来进行了战略性、全局性、长远性的谋划，先后通过四次中央全会，协调有序地完成了“四个全面”的国内战略布局。

2013年，党的十八届三中全会《决定》，对全面深化改革做出了全面部署，提出了60条、336项改革措施，超过了历次改革决定。2013年12月30日，中央全面深化改革领导小组成立，习近平亲任组长。23天后的2014年1月22日，第一次中央全面深化改革领导小组会议正式召开。

中央深改组设立了经济体制和生态文明体制改革、民主法制领域改革、文化体制改革、社会体制改革、党的建设制度改革、纪律检查体制改革等6个专项小组，涵盖了全面深化改革的方向和领域。三年多来，中央深改组围绕这6大主要方面进行系统谋划，不同时期，突出不同改革重点。正如2016年1月11日中央深改组第二十次会议指出：“要加强对各领域改革的全面评估，坚持问题导向，把各领域具有四梁八柱性质的改革明确标注出来，排出优先序，重点推进，发挥好支撑作用。”

从中央深改组审议的文件话题和数量来看，改革进程呈现既循序渐进又不断加速趋势，审议文件数量从少到多。2014年审议通过37个文件，确定80个重点改革任务；2015年审议通过65个文件，确定101个重点改革任务；2016年审议通过96个文件，确定97个年度重点改革任务和128个其他改革任务。

从历次中央深改组会议审议通过的文件和强调重点来看，不同时期和阶段，改革重点不同，进程也有所不同。早期，中央深改组会议以宏观层面的政治、党建、市场经济改革为主。这一阶段，重在“夯基垒台、选材备料、立柱架梁”。2015年上半年以来，改革重点逐渐转移到相对具体的操作层面，改革步伐加速。2016年8月30日，“当前和今后一个时期，是全面深化改革的施工高峰期”。

截至2017年7月19日，距离“改革任务”完成还有3年半时间、“赛程”过半，中央深改组通过37次会议绵密部署，目前主要领域“四梁八柱”性改革基本出台：一批具有标志性、关键性的改革方案出台实施，一批重要领域和关键环节改革举措取得重大进展，一批重要理论创新、制度创新、实践创新成果正在形成，全面深化改革的主体框架基本确立，各领域改革正在向纵深推进。

2014年，党的十八届四中全会通过了《中共中央关于全面推进依法治国若干重大问题的决定》。这是中国共产党历史上，第一次专门研究法治建设的中央全会，通过的《决定》也是新中国历史上首次对全面推进依法治国做出全面部署，提出六大任务，30项重大举措，180多项具体措施，明确了中国特色社会主义法治体系建设的各项任务和具体路径，为依法治国、依法执政和司法公正的改革重点难点指明了方向。

习近平总书记在2014年中央深改领导小组第二次会议上就明确提出了“重大改革于法有据”，要求注重运用法治思维和法治方式推进改革，实现立法和改革决策相衔接。2015年3月15日，十二届全国人大三次会议高票表决通过了对立法法的修改。十八大以来，立法步伐不断加快。十二届全国人大及其常委会共通过法律、法律解释和有关法律问题的决定100件。

全面依法治国的要义在于日益完善的法律法规体系把权力关进制度的笼子。按照《决定》要求，加强备案审查制度和能力建设，把所有规范性文件纳入备案审查范围，依法撤销和纠正违宪违法的规范性文件，禁止地方制发带有立法性质的文件。2015年年底，《法治政府建设实施纲要（2015—2020）》出台。这是党中央、国务院首次就法治政府建设发文。

在这张法治政府建设的总蓝图上，进一步明确通过大力推行权力清单、责任清单、负面清单制度等来依法全面履行政府职能，让权力更为有法可依。

这同时意味着，政务公开是建设法治政府的必然要求。2016年中央深改领导小组第二十次会议上，审议通过了《关于全面推进政务公开工作的意见》。习近平在会议上强调，“政务公开是法治政府建设的一项重要制度，要以制度安排把政务公开贯穿政务运行全过程，权力运行到哪里，公开和监督就延伸到哪里。”让公众更大程度参与政策制定、执行和监督，一个科学高效、权力运行规范、责任主体明确的法治政府正在形成中。

2015年，党的十八届五中全会《关于制定国民经济和社会发展第十三个五年规划的建议》，对全面建成小康社会做出了全面部署，提出了坚持以人民为中心的发展思想和树立创新、协调、绿色、开放和共享的发展新理念，规划了31类重大任务，据此制定了《国家十三五规划纲要》20篇、80章。

全面建成小康社会的核心是“全面”。这个“全面”既体现在覆盖的人群是全面的，是不分地域的全面小康，是不让一个人掉队的全面小康，意味着全国各个地区都要迈入小康社会。同时，涉及的领域是全面的，覆盖了经济建设、政治建设、文化建设、社会建设、生态文明建设和党的建设，既坚持以经济建设为中心，又全面推进政治、文化、社会、生态文明及其他各方面建设；既不断解放和发展社会生产力，又逐步实现全体人民共同富裕、促进人的全面发展。通过“十三五”规划《纲要》，建成更高水平、更高质量、更加公平、更加和谐、更加绿色并惠及全体人民的小康社会，进一步呈现出党的十八大描绘的全面建成小康社会的宏伟蓝图，把全面建成小康社会的美好图景更具体更生动地呈现在全国人民面前，承载着全国人民对过上更好生活的新期待。

全面建成小康社会的关键是发展。在当前和今后一个时期，全面建成小康社会仍然必须贯彻“发展是硬道理”这一战略思想。当前，我国经济总量居世界第二，已经进入中等收入国家行列。但也要看到，我国仍处于并将长期处于社会主义初级阶段的基本国情没有变，仍是世界上最大的发展中国家，人均国内生产总值排在世界80位左右，经济技术水平与发达国家相比还有较大差距。按照年收入2300元的中国扶贫标准，2016年年底还有4335万人农村贫困人口。以经济建设为中心是兴国之要，发展仍然是解决一切问题的“硬道理”，努力把中国自己的事情办好。同时，必须进一步解决好实现什么样的发展、怎样实现更有质量、更加均衡、更加全面、更加绿色、更可持续的发展。为此，十八届五中全会《决定》创造性提出创新、协调、绿色、开放、共享的新发展理念，在理论和实践上对破解发展难题、增强发展动力、厚植发展优势具有重大指导意义。

正如习近平同志所言，“十三五”时期是全面建成小康社会、实现“两个一百年”奋斗目标的第一个百年奋斗目标的决胜阶段。制订和实施好“十三五”规划建议，阐明党和国家战略意图，明确发展的指导思想、基本原则、目标要求、基本理念、重大举措，描绘好未来5年国家发展蓝图，事关全面建成小康社会、全面深化改革、全面依法治国、全面从严治党战略布局的协调推进，事关我国经济社会持续健康发展，事关社会主义现代化建设大局。

因此，“十三五”规划《纲要》篇幅为历次五年规划最多，并精心设计和科学论证了23类、165个重大项目，这在新中国历史上也是数量最多、水平最高、规模最大、覆盖领域最全、服务人口最多的，许多开工项目将成为实现“第二个一百年目标”的奠基之作。

2016年，党的十八届六中全会对全面从严治党做出了全面部署，制定了《关于新形势下党内政治生活的若干准则》，提出了十二条准则作为最重要的党规，是改革开放以来的“2.0版”；党中央还制定了《中国共产党党内监督条例》，共分8章、47条，是2003年该条例试行以来的“2.0版”。

习近平同志在2016年7月1日庆祝中国共产党成立95周年大会上告诫全党，“如果管党不力、治党不严，人民群众反映强烈的党内突出问题得不到解决，那我们党迟早会失去执政资格，不可避免被历史淘汰。”十八大以来，中国共产党以空前严厉的零容忍态度惩治腐败。查处贪官人数之多、级别之高、行动密度之大、涉及领域之宽、挖掘问题之深，在中外历史上可谓前所未有、世所罕见。

2017年1月9日，在十八届中央纪委七次全会精神新闻发布会上，中纪委副书记吴玉良介绍说，党的十八大以来，中央纪委共立案审查中管干部240人，给予纪律处分223人；全国纪检监察机关共立案116.2万件，给予纪律处分119.9万人；全国共处分乡科级及以下党员、干部114.3万人，处分农村党员、干部55.4万人。2014年以来，共追回外逃人员2566名，“百名红通”人员已有37人落网，追赃金额86.4亿元。

从给予党纪政纪处分人数和审查高级干部人数看，数量和力度均创下改革开放以来的历史新高，查处的高级干部覆盖了31个省、区、市，周永康、薄熙来、徐才厚、郭伯雄、令计划、苏荣、周本顺、白恩培、蒋洁敏等曾位居党政军要职的腐败分子纷纷落马……这可能引起一些部门、一些地区、一个时期的冲击和震动，但亦如习近平所言，“不是没有掂量过，但认准了人民的期待。”对以习近平同志为核心的党中央而言，反腐，没有免罪的“丹书铁券”，也没有“铁帽子王”。

四年多来，“老虎”“苍蝇”一起打、反腐败体制机制改革、巡视利剑震慑、反腐败国际追逃追赃等“组合拳”，消除了党内重大政治隐患，厚植了中共执政的政治基础，换来8900万党员党心、13亿人民民心。这不但显示了中国共产党有强烈政治意愿和决心，也证明中国共产党有能力和办法“吐故纳新”、自我净化、自我完善、自我革新。

时至今日，全世界范围内的政治观察家们最初绝少预想到，一个近8900万党员、450万个党组织的执政党，对自己执行了全方位真刀真枪的自我革命，短短不到五年时间，反腐败斗争压倒性态势已经形成，风清气正的执政环境和社会环境开始幡然回归。

“四个全面”战略布局，科学总结中国共产党治国理政的实践经验，深化扩展了治国理政的理论视野和实践领域，确立了续写中国特色社会主义新篇章的行动纲领。这是执政党推进理论创新和实践创新的重大成果，集中体现了当代中国共产党人的全局视野和战略眼光，蕴含着对世界发展大势的科学判断，对中国发展方略的深邃思考，对人民根本利益的深切关怀，标志着中国共产党对共产党执政规律、对社会主义建设规律、对人类社会发展规律的科学把握进入一个新境界。

驾驭全球化大潮　构建世界新秩序

2016年年底，英国《金融时报》中文网刊发的一篇题为《全球化死亡之旅始于2016》的文章指出，“未来的历史学家也许会说：2016年是自由贸易遭遇重大挫折的一年，甚至是最新一波全球化进程终结的开端之年。”

尤其当以新任美国总统特朗普为首的西方民粹主义政要们将问题归罪于全球化并企图逆转这一时代潮流的时候，全世界开始将目光转向了中国。

“世界经济的大海，你要还是不要，都在那儿，是回避不了的。想人为切断各国经济的资金流、技术流、产品流、产业流、人员流，让世界经济的大海退回到一个一个孤立的小湖泊、小河流，是不可能的，也是不符合历史潮流的。”

2017年1月17日，在瑞士达沃斯世界经济论坛年会开幕式上，习近平主席用一场主旨演讲告诉世界，人类历史告诉我们，有问题不可怕，可怕的是不敢直面问题，找不到解决问题的思路。面对经济全球化带来的机遇和挑战，正确的选择是，充分利用一切机遇，合作应对一切挑战，引导好经济全球化走向。

次日，在联合国日内瓦总部，习近平再次发表演讲阐述全球化的现实逻辑，“经济全球化是历史大势，促成了贸易大繁荣、投资大便利、人员大流动、技术大发展。本世纪初以来，在联合国主导下，借助经济全球化，国际社会制定和实施了千年发展目标和2030年可持续发展议程，推动11亿人口脱贫，19亿人口获得安全饮用水，35亿人口用上互联网等，还将在2030年实现零贫困。这充分说明，经济全球化的大方向是正确的。当然，发展失衡、治理困境、数字鸿沟、公平赤字等问题也客观存在。这些是前进中的问题，我们要正视并设法解决，但不能因噎废食。”

全球化是人类经济联系日益紧密的自然过程，它的包容性天然地要求市场和贸易规则不断扩大和统一。这一特征决定了全球化进程不可能被中断。所谓中断，也只能是中断通过权力让步和制度安排形成的具有排他性的一体化进程，比如TPP。新一轮经济全球化经历了半个多世纪的发展后，贸易投资自由化向深度发展，要求各国国内体制实现更高水平开放，更多国家参与全球化后发展水平差距巨大，各成员方利益分配关系更为复杂，的确正在导致一些国家人为地停滞或反对参与全球化。尤其是当世界经济处于下行期的时候，全球经济“蛋糕”不容易做大，甚至变小了，增长和分配、资本和劳动、效率和公平的矛盾就会更加突出，发达国家和发展中国家都会感受到压力和冲击。

中国领导人早在国际金融危机爆发前就认识到了这些问题的潜在风险，尤其是十八大以来，党中央从马克思主义政治经济学出发，通过自身的结构调整和内部改革全力应对挑战：一是遵循生产力的基础性作用原理，注重自主创新，以创新驱动发展；二是遵循生产关系对生产力的积极作用，全面深化改革释放发展新动能；三是遵循上层建筑对经济基础的反作用规律，抓执政党建设、抓服务型政府建设、抓政府对市场的监管。

中国改革开放30多年的经验告诉我们，发展和改革才是解决一切问题的根本原则。在这个问题上，中国为世界做出了榜样，不是将问题归罪于别人，而是以自胜者强的进取心态，改革自身以主动适应时代的变化。具体而言，就是十八大以来，党中央根据世情、国情、党情，坚持以人民为中心的发展思想，深刻领会人类文明发展的时代要求，树立创新、协调、绿色、开放、共享的新发展理念引领中国发展；主动适应、把握、引领经济发展新常态的大逻辑，坚持以提高发展质量和效益为中心，使市场在资源配置中起决定性作用和更好发挥政府作用，加快实施创新驱动发展战略，推进供给侧结构性改革，始终把三农工作牢牢抓在手上，推进以人为核心的新型城镇化……最终通过自身努力，追求民族伟大复兴的胜利彼岸。

因此，面对当前全球范围内“山雨欲来风满楼”的世界经济形势，一方面，要清楚“莫言下岭便无难，赚得行人错喜欢。正入万山圈子里，一山放出一山拦”，提醒国人“常怀忧患之思”；另一方面，则必须“咬定青山不放松，任尔东西南北风”，一是保持中高速经济增长，又好又快地继续做强国家经济实力、做大国民财富“蛋糕”；二是矢志不渝将全面深化改革推进到底。

人类历史经验教训告诉世人，经济发展就是逆水行舟。一个时期以来，中国国内社会上出现了一种思想误区，否定GDP，认为做大GDP不重要。GDP是一国一个阶段新增的国民财富。GDP上不去，怎样实现全面小康？怎样实现中等发达国家收入水平？目前，按照劳动生产率计算，2016年，中国8亿劳动力创造了11万亿美元GDP，美国1.7亿劳动力创造了18万亿美元GDP。这意味着，我国财富创造能力，与发达国家相距甚远，决不能未富先骄、未富先懒。

十八大以来，党中央在新的历史条件下，协调推进“四个全面”的治国理政总方略是完整的战略部署体系，全面建成小康社会是战略目标，全面深化改革、全面依法治国、全面从严治党是手段和保障。但这其中，全面深化改革是决定当代中国命运的关键一招，是中国治国理政的核心问题，是牛鼻子。所以，能否将全面深化改革推进到底，事关“两个一百年”奋斗目标和中华民族伟大复兴的“中国梦”的实现，事关中国特色社会主义事业成败。

而且，也正是在四个全面战略布局基础上，通过积极参与全球治理，党中央顺势而为推动构建基于合作共赢的国际战略布局。

“当今世界，各国相互依存、休戚与共。我们要继承和弘扬联合国宪章的宗旨和原则，构建以合作共赢为核心的新型国际关系，打造人类命运共同体。”2015年9月，习近平主席在纽约联合国总部出席第七十届联合国大会一般性辩论时发表重要讲话指出：

“中国将始终做世界和平的建设者，坚定走和平发展道路，无论国际形势如何变化，无论自身如何发展，中国永不称霸、永不扩张、永不谋求势力范围。”

“中国将始终做全球发展的贡献者，坚持走共同发展道路，继续奉行互利共赢的开放战略，将自身发展经验和机遇同世界各国分享，欢迎各国搭乘中国发展‘顺风车’，一起来实现共同发展。”

“中国将始终做国际秩序的维护者，坚持走合作发展的道路……中国将继续同广大发展中国家站在一起，坚定支持增加发展中国家特别是非洲国家在国际治理体系中的代表性和发言权。中国在联合国的一票永远属于发展中国家。”

2015年10月12日，在中共中央政治局第二十七次集体学习上，习近平总书记强调，“我们参与全球治理的根本目的，就是服从服务于实现‘两个一百年’奋斗目标、实现中华民族伟大复兴的中国梦……推动全球治理体制向着更加公正合理方向发展，为我国发展和世界和平创造更加有利的条件。”

一是积极构建中美新型大国关系。打破冷战思维，推动中美两国走一条没有大国冲突对抗的新路；二是积极实施“一带一路”战略。贯穿连接欧亚非三大洲，共同打造开放、包容、互利、共赢的命运共同体；三是做好周边外交工作。充分利用中国是周边国家第一、二大贸易伙伴的经济优势和贸易优势，加速区域一体化；四是积极参与国际治理。四年来，在2014年APEC北京峰会、2015年9月联合国发展峰会和11月巴黎世界气候大会、2016年9月G20杭州峰会和11月APEC利马峰会上，中国领导人以完美的表现在全球治理众多领域发挥了负责任和不可替代的主导作用。

2015年9月联合国发展峰会上一个历史瞬间对此做了最佳注解。据中新社报道，9月26日上午，在习近平主席演讲结束后，走廊外有二三十位国家元首等着与他握手。联合国副秘书长吴红波对记者说，看到这个场景自己感到非常意外，这是联合国发展峰会开幕以来，第一次有国家元首排队等待与另一位国家元首握手，“这种热情从侧面反映出习近平的主张受到了国际社会的广泛欢迎。”

“一带一路”倡议“唤醒”亚欧大陆

“2013年秋天，我在哈萨克斯坦和印度尼西亚提出共建丝绸之路经济带和21世纪海上丝绸之路，即‘一带一路’倡议。‘桃李不言，下自成蹊。’4年来，全球100多个国家和国际组织积极支持和参与‘一带一路’建设，联合国大会、联合国安理会等重要决议也纳入‘一带一路’建设内容。‘一带一路’建设逐渐从理念转化为行动，从愿景转变为现实，建设成果丰硕。”

2017年5月14日，在“一带一路”国际合作高峰论坛开幕式上，国家主席习近平以《携手推进“一带一路”建设》为题发表主旨演讲称，“当前，中国发展正站在新的起点上。我们将深入贯彻创新、协调、绿色、开放、共享的发展理念，不断适应、把握、引领经济发展新常态，积极推进供给侧结构性改革，实现持续发展，为“一带一路”注入强大动力，为世界发展带来新的机遇。”

短短三年间，中国同40多个国家和国际组织签署了合作协议，同30多个国家开展机制化产能合作。中国和相关国家一道共同加速推进雅万高铁、中老铁路、亚吉铁路、匈塞铁路等项目，建设瓜达尔港、比雷埃夫斯港等港口，规划实施一大批互联互通项目。目前，以中巴、中蒙俄、新亚欧大陆桥等经济走廊为引领，以陆海空通道和信息高速路为骨架，以铁路、港口、管网等重大工程为依托，一个复合型的基础设施网络正在形成。

2014年至2016年，中国同“一带一路”沿线国家贸易总额超过3万亿美元。中国对“一带一路”沿线国家投资累计超过500亿美元。中国企业已经在20多个国家建设56个经贸合作区，为有关国家创造近11亿美元税收和18万个就业岗位。同时，亚洲基础设施投资银行已经为“一带一路”建设参与国的9个项目提供17亿美元贷款，“丝路基金”投资达40亿美元，中国同中东欧“16+1”金融控股公司正式成立，已形成层次清晰、初具规模的“一带一路”金融合作网络。

在国际社会日益混乱、撕裂和纷争的后经济危机时期，作为一个发展中大国，第一次向世界提出未来全球化的中国方案，为什么会在如此短的时间内获得丰硕的成果？在记者寻找答案的过程中，德国前驻华大使施明贤用自己的思考解释了这种“一呼百应”的现实逻辑。

日前，他在接受德国媒体采访中回应说，“一带一路”倡议非常具有中国特色，它与从中国到欧洲的古老贸易路线联系了起来，“但在我看来更重要的似乎是：它具有包容性。这意味着：任何有意愿的国家都可以参与该计划的发展和实施。”施明贤的结论是，“一带一路”尤其蕴含着对欧洲的重大机遇，“我们不应把自己所演绎的北京的霸权主义意图强加给丝绸之路计划，并因此而毁掉我们的机遇。”

这其中，从权威渠道获悉了令人意外又似乎意料之中的消息，2016年美国国务院高级官员已多次就“一带一路”倡议主动与中国开展对话，并设置专门官员负责协调此事，其高层智囊已经为美国决策层提出了一系列政策建议：美国应转向以中国为主的“一带一路”协商机制，找出美国应发挥作用的地方，在“一带一路”项目中做出贡献，推动海上丝绸之路的建设，以及加入亚投行，等等。

三年来，所有这些上演的历史活剧，正如英国著名历史学家、牛津大学拜占庭研究中心主任彼得·弗兰科潘在其巨著《丝绸之路》一书中所言：

“习近平在2013年提出的‘一带一路’倡议，以及中国为此作出的巨大投入，都充分表明中国在为未来着想。而在世界的其他地方，挫折和艰难，挑战和问题，似乎都是一个新世界在诞生过程中的分娩阵痛。当我们在思考下一个威胁来自何方，思考如何应对宗教极端主义，如何与那些常常被我们忽视的民族、文化和宗教建立各种联系的同时，亚洲屋脊上的交流网络正被悄然编织在一起，或者更准确地说，是被重新建立起来。”

在他看来，新的“丝绸之路”正在唤醒亚欧大陆乃至整个太平洋沿岸，一个全新的未来世界已经徐徐展开。

顶住经济下行压力，加快经济复苏，重新发现全球化动力，已成为世界最广泛国家和人民的共同愿望。中国是全球第二大贸易经济体、第一大外汇储备国和债权国。作为一个负责任的大国，中国在遵循国际通行准则的情况下，有意愿也有能力，在促进全球可持续发展上做出更大贡献，有必要拿出促进全球发展的“中国方案”，“这个方案就是‘一带一路’。”

“一带一路”横跨亚欧非大陆，一头是快速崛起的东亚经济圈，另一头是高度发达的欧洲经济圈，中间的广袤区域曾经孕育了灿若星河的古代文明。工业革命以来，全球贸易体系主要依托海洋发展，“二战”后几次大的国际产业转移也沿着海洋演进，导致明显的“海强陆弱”，即海洋国家发展在先，内陆国家发展滞后，形成巨大的贫富差距。这片广袤的“中间地带”正是由于远离重要的贸易通道，发展滞后于全球其他经济圈。

但是这片区域人口众多，资源丰富，蕴含着巨大的发展潜力。同时，这些国家有着强烈地实现自己的工业化、现代化的愿望。通过“一带一路”的建设充分激发起这块区域的发展潜力，不仅有利于这块区域本身的崛起，也可带动整个亚欧非大陆的发展，进而促进全球经济的全面复苏。

比如，TPP涵盖12个国家，人口规模8亿，占全球制造业生产的40%。与之相比，初步估算“一带一路”沿线国家总人口约44亿，经济总量约21万亿美元，分别约占全球的63%和29%。目前已经超过100多个国家和国际组织参与，而且这个数字还因为“一带一路”倡议的开放性和包容性在不断增加。

因为对绝大多数发展中国家而言，中国的兴起为其追求全面发展提供了难得的历史机遇，“这样的可能性是西方发达国家70多年来主导的全球化所无法想象的。就“一带一路”倡议的成功可能性，至少有五条难以反驳的理由：

300年来，首度有一个兴起中的超级大国，不是以掠夺者、殖民者、支配者或文明优越者的思维与姿态出现在第三世界国家面前。

300年来，首度有一个兴起中的超级大国，具备足够的技术、产能与资本输出条件，可以同时在上百个发展中国家兴建水库、发电厂、输电网、移动通信平台、光纤网络、铁路、地铁、高速公路、深水港与工业区。

300年来，首度有一个兴起中的超级大国，能为全世界中低收入群体全方位供应物美价廉的工业产品以及网络通信平台，让中低收入国家的几十亿人可以一举跨入现代社会与数字时代。

300年来，首度有一个兴起中的超级大国，是以官方开发融资机构以及国有企业为推动经济合作与发展援助的主体，而不像过去西方国家以追求资本回报最大化的私营跨国企业与银行为先锋。

300年来，首度有一个兴起中的超级大国，一方面可以作为最大贸易伙伴与最大投资来源国；另一方面不灌输意识形态，不强迫移植自身奉行的制度，不胁迫设置军事基地，也不搞政变。

尤其是，中国仍处于发展中阶段，仍有维持长期中高速增长的潜力。在可预见的将来，仍具带动第三世界国家经济发展的巨大能量。这也是“一带一路”倡议能够在全世界一拍即合的根本原因。

2016年6月3日，习近平总书记来到北京展览馆参观国家“十二五”科技创新成就展。在高铁展台前，原本两三分钟的安排时间，总书记驻足了十几分钟。

在听取北京交通大学教授贾利民介绍我国高铁科技创新成就和对“走出去”和“一带一路”等国家战略的支撑作用后，他仔细询问，“从技术上来看，我国是否有条件在全国高速铁路网全面恢复350公里时速的运行速度？”

贾利民的回答是，“根据现有的技术成熟度及以往运营经验，在全国高速铁路网全面恢复350公里时速的运行速度，无论是从技术还是安全上都没有问题。”随后，他对中国高铁技术总结说，“掌握核心关键技术，我们没有盲点；参与国际竞争，我们有胜算；支撑国家战略，我们有把握；引领创新发展，我们有信心！”

“说得好！”这一表述让总书记由衷地喜悦。五年前，中国成功自主研发出了时速超过350公里的CRH380高速铁路技术。2011年6月，基于此技术的京沪高铁建成通车，由此成为世界上规模最大、一次建成里程最长、运营里程最长的高铁线路。

与此同时的2011年3月19日，作为一项史无前例的地方创新，“渝新欧”专列满载重庆制造的电子产品向西出发，经过哈萨克斯坦、俄罗斯、白俄罗斯、波兰，最后抵达德国杜伊斯堡，行驶11179公里横穿亚欧大陆，耗时16天，比传统海运从上海至欧洲的海运路线节约31天，实现了“中欧班列”国际铁路大通道的全线开行。

可以说，2011年发生的这两大事件，为两年后

“一带一路”倡议的横空出世奠定了坚实的战略构想基石：中国强大的高速铁路技术，构成了亚欧大陆力量整合的物质基础和战略能力。

截至2016年年底，中国高铁运营里程超过2.2万公里，占世界高铁运营总里程65%以上，位居全球第一，超过世界其他国家高铁里程之和。安全运送旅客逾14.4亿人次，安全运行里程超过50.5亿公里。

而且，中国高铁已经历了世界上所有复杂地形条件和恶劣气候的考验，完成了最长距离、最大密度的商业运营。2016年在雅万高铁全线启动、匈塞铁路进入实施阶段、中泰中老等铁路合作交流加快推进的基础上，2017年中国高铁“走出去”还将攻克包括俄罗斯莫斯科—喀山高铁、马来西亚—新加坡高铁、横跨南美洲大陆的两洋铁路等更多的海外高铁项目。

当前“一带一路”倡议已经进入“落地生根”的关键时期，无论是高层决策者，还是一线深耕的企业和普通民众，一定要有坚定的意志、弘远的眼光和理性的头脑，对“一带一路”倡议做好滴水穿石和矢志不渝的精神。

晚清学人裴景福，1909年在其贬戍迪化（乌鲁木齐）三年间所著的《河海昆仑录》篇终写道：“当大地南北之冲，而握东西绾毂者，其维西域乎？新疆今日晦蒙鄙僿，獉狉荒落，咸视之与蒙古、西藏等，予独谓五十年后，商贾辐辏，万国会同，当过于今日之上海，此言验否，视铁轨成否为候。”

这位备受钱锺书先生称赏的史地学家认为，“欧亚大局系于地中海，而新疆形势与之争雄，我国欲提挈全球之纲，唯开阖中西之门户，当撮合国力，急成伊犁、迪化、喀什噶尔、吐鲁番南北两路，以与俄安集延路接，而以哈密为之总汇，即英人之苏彝士河也。从此五大洲商务战事路政，惟我新疆执牛耳……世有胸罗全球者，当不以鄙言为妄。”

德国人施明贤说，“中国人的思想总是战略性的，长远的，往往是超越几代人的。”但裴景福这番具体而警动的识见，今天读来仍然令人难以置信、振聋发聩。他唯一的误算，不是五十年后，而是一百年后，中国以一场高铁革命拉开了一场“一带一路”的时代大剧。

此时此刻，不禁令人想起史学大师陈寅恪。1942年，他携妇将子逃离日寇侵占的香港，辗转于战火纷飞的内地……在这近代中国苦难和贫弱至极点的时刻，他于《朱延丰突厥通考序》一文中写下了一段话：“惟默察当今大势，吾国将来必循汉唐之轨辙，倾其全力经营西北，则可以无疑。考自古世局之转移，往往起于前人学术趋向之细微。迨至后来，遂若惊雷破柱，怒涛振海之不可御遏。”

今天的“一带一路”倡议，毫无疑问正是这惊雷、怒涛在21世纪的激越回响。

第四章

“五位一体”建设总体布局

经济建设：迈向高质量的经济强国

政治建设：增强社会主义制度优越性

文化建设：自觉、自信、自强的社会主义文化强国

社会文明：迈进世界高人类发展水平国家

生态文明：全球绿色文明的领航者

在党中央“四个全面”的治国理政战略布局下，四年多来，作为建设中国特色社会主义总体布局的“五位一体”建设，取得了令人瞩目的成绩，更重要的是，综合国力上了一个大台阶。按照2011年国际美元购买力评价计算，中国GDP占世界总量比重从2010年的13.95%提高至2015年的17.19%，实际已经超过美国GDP占世界总量15.80%的比重，已经是名副其实的第一大经济体。在经济全球化的公开竞争中，不进则退，进慢也是退。当前，我国与发达国家综合国力相对差距的动态变化日益加速，形成了于我越来越有利、越来越主动的新的战略格局，这可能是过去五年最令人瞩目的全球性发展现象。

经济建设：迈向高质量的经济强国

五年来，全国上下深入贯彻落实习近平总书记系列重要讲话精神和治国理政新理念新思想新战略，始终坚持稳中求进的工作总基调，紧紧抓住和用好重要战略机遇期，创新和改善宏观调控，科学统筹稳增长、促改革、调结构、惠民生、防风险，战胜了诸多矛盾叠加、风险隐患交织的严峻挑战，我国经济持续健康发展，综合国力和国际影响力再上新台阶。

一是经济实力再上大台阶。

在世界经济深度调整、增长低迷、全球贸易持续低迷、逆全球化更加明显、主要经济体走势分化的大背景下，中国经济增速仍居世界前列，主要经济指标占世界总量比重进一步提高。

2016年，国内生产总值达到74万亿元，按不变价计算为2012年的1.32倍；一般公共预算收入接近16万亿元，为2012年的1.36倍。2016年GDP总量具有里程碑意义。党的十六大提出全面建设小康社会，力争国民生产总值到2020年比2000年翻两番。按不变价格计算，2016年我国GDP相当于2000年的4.22倍。也就是说，到2016年我国已经提前实现了翻两番的目标。

2016年中国经济6.7%的增速，高达6.7万亿人民币、近10万亿美元，相当于改革初十年的GDP总量，“更重要的是，这是我们主动调控、大力推进供给侧结构性改革下所取得的，具有很高的质量。现在中国有4.4亿中产家庭，而且这个数据还在不断扩大，中国消费动能的潜力还很大。”

经济保持中高速增长。2013—2016年，国内生产总值年均增长7.2%，高于同期世界2.5%和发展中经济体4%的平均增长水平。经济增量逐年递增。按2015年不变价格计算，2013、2014、2015、2016年经济增量分别是43253亿元、43824亿元、44477亿元、46097亿元。综合实力显著增强。

人均国内生产总值稳步提高。2016年，我国人均国内生产总值53980元，扣除价格因素，比2012年增长29%，年均实际增长6.6%。2012—2016年，我国人均国民总收入（GNI）由5940美元提高到超过8000美元，接近中等偏上收入国家平均水平。在世界银行公布的217个国家（地区）人均GNI排名中，由2012年的第112位上升到2015年的第97位，前进了15位。

国际影响力显著提升。中国成为世界经济增长的动力之源、稳定之锚，为世界经济艰难复苏做出了重大贡献。2016年，我国国内生产总值折合11.2万亿美元，占世界经济总量的15%左右，比2012年提高超过3个百分点，稳居世界第二位。2013—2016年，我国对世界经济增长的平均贡献率达到30%以上，超过美国、欧元区和日本贡献率的总和，居世界第一位。

尽管中国外贸增长疲软，但占全球份额持续上升，连续四年居全球第一货物贸易大国地位。联合国贸发会议数据显示，2015年中国在全球出口中所占比重达到13.8%。这是美国在1968年曾经占到的比重，此后任何国家一直都望尘莫及。然而，2016年，这个比重进一步提高到14%。

积极的就业政策不断显效，创业带动就业作用突出，就业形势保持稳定，成为经济运行中的突出亮点。2013—2016年，城镇新增就业连续四年保持在1300万人以上，31个大城市城镇调查失业率基本稳定在5%左右，农民工总量年均增长1.8%。价格涨势温和，2013—2016年居民消费价格年均上涨2.0%。综合起来看，7.2%的年均经济增长速度、2%的通胀率、5%左右的调查失业率，这样的运行格局难能可贵，符合经济发展的内在规律，在世界范围内一枝独秀。

二是经济结构调整取得重大进展，经济发展向中高端水平迈进。

供给侧结构性改革从本质上讲，就是把内在潜能释放出来，释放出高质量有效经济增长。五年来，各地区各部门按照适应把握引领经济发展新常态的要求，大力优化产业结构，不断改善需求结构，着力推动供给侧结构性改革，积极推进新型城镇化，着力促进区域协调发展，我国经济结构调整加快，转型升级成效明显，经济发展向中高端水平不断迈进。

产业结构优化升级。服务业持续较快发展，对经济社会发展的支撑带动作用与日俱增。2013—2016年，服务业增加值年均增长8.0%，比国内生产总值增速高0.8个百分点。2013年我国服务业占GDP的比重首超第二产业，2015年服务业占比首次超过50%，2016年第三产业增加值占GDP比重为51.6%，国内消费对经济增长的贡献率达71%，中国居民消费和服务业成为经济增长的主要动力。

“中国制造2025”加快实施，工业化和信息化深度融合，装备制造业和高技术产业增长明显快于传统产业。2013—2016年，装备制造业和高技术产业增加值年均分别实际增长9.4%和11.3%，快于规模以上工业1.9和3.8个百分点；2016年，装备制造业和高技术产业现价增加值占规模以上工业增加值的比重分别达到32.9%和12.4%，比2012年提高4.7和3个百分点。

消费成为经济增长主要推动力。在扩大内需政策措施作用下，居民消费潜力有序释放，消费升级势能持续增强，消费的基础性作用不断发挥，成为经济增长的主要推动力。2013—2016年，最终消费支出对经济增长的年均贡献率为55%，高于资本形成总额贡献率8.5个百分点。分年度看，四年的贡献率分别为47%、48.8%、59.7%和64.6%，呈现稳中有升的发展态势。最终消费率稳步提高。2016年，我国最终消费率为53.6%，比2012年提高3.5个百分点；资本形成率为44.2%，下降3个百分点。

新型城镇化扎实推进，城镇化水平不断提高。2016年年末，常住人口城镇化率为57.35%，比2012年年末提高4.78个百分点，年均提高1.2个百分点；2013—2016年城镇人口每年增加2000多万人，带动了巨大的投资和消费需求。户籍制度改革和居住证制度全面推进，农业转移人口市民化进程加快，农业转移人口与城镇居民的基本公共服务均等化水平提高，新型城镇化质量显著提升。2016年年末，我国户籍人口城镇化率为41.2%，比2012年年末提高6.2个百分点，与常住人口城镇化率的差距为16.1个百分点，缩小1.4个百分点。

区域发展格局优化重塑，“三大战略”实施进展顺利。“一带一路”建设积极进展，区域开放开发步伐加快；京津冀协同发展有序推进，雄安新区建设启动；长江经济带发展取得成效，生态环保和经济辐射力增强。重庆、广州、成都、武汉、郑州等一批国家和区域中心城市快速发展，新的增长极、增长带逐步形成。西部开发、东北振兴、中部崛起、东部率先，“四大板块”统筹推进。中西部地区后发优势继续发挥，主要发展指标增速明显快于全国。2013—2016年，中部和西部地区生产总值年均分别增长8.6%和9.1%，分别快于全国1.4和1.9个百分点。东部地区转型升级、开放创新走在前列，区域发展新动能新亮点不断涌现，对全国发展的支撑引领作用日益突出。

清华大学国情研究院整理的统计数据显示，我国三大差距明显收缩：城乡居民收入持续上升，且相对差距不断缩小，从2010年的3.23倍缩小至2015年的2.73倍；各地区人均GDP且差异系数持续缩小，从2010年的50.6%缩小至2015年的43.0%，是新中国成立以来最低的；全国居民收入基尼系数持续下降，从2010年的0.481下降至2015年的0.462，年平均趋同化为0.80%。

三是创新驱动发展战略深入实施，新动能新产业茁壮成长。

国家对科技创新的支持力度加大，研发投入快速增加。2016年，研究与试验发展（R&D）经费支出15500亿元，比2012年增长50.5%，与国内生产总值之比为2.08%，提高0.17个百分点。一批具有标志性意义的重大科技成果涌现，载人航天、探月工程、量子通信、射电望远镜、载人深潜、超级计算机等实现重大突破，带动了劳动生产率稳步提高。2016年，全员劳动生产率（以2015年价格计算）达到94825元/人，比2012年提高30.2%，年均提高6.8%。创新型国家建设取得重要进展。2016年，我国创新指数名列全球第25位，比2012年提高9位，在中等收入国家中排名首位，大幅领先其他金砖国家。

随着商事制度改革和“放管服”改革的持续深化，集众智汇众力的乘数效应不断显现。28个国家双创示范基地建设全面推进。2014—2016年，全国新登记市场主体超过4400万户，其中新登记企业1362万户，年均增长30%。2016年平均每天新登记企业1.5万户，掀起了商事制度改革以来的新高潮。专利申请量和授权量大幅增长，创新成果不断涌现。2016年，受理境内外专利申请346.5万件，授予专利权175.4万件，分别比2012年增长68.9%和39.8%，国内有效发明专利拥有量突破110万件，是继美国和日本之后，世界上第三个发明专利拥有量超过百万件的国家；技术合同成交金额超过1.1万亿元。

新产业新业态新模式层出不穷，“互联网+”行动计划深入推进。网络购物快速增长，带动了快递业务迅猛扩张。2015—2016年，实物商品网上零售额年均增长28.6%，比社会消费品零售总额快18.1个百分点。2016年，快递业务量312.8亿件，比2012年增长4.5

倍，年均增长53.2%。平台经济、分享经济、协同经济等新模式广泛渗透，线上线下融合、跨境电商、智慧家庭、智能交流等新业态方兴未艾。

四是基础产业不断加强，基础设施水平持续提高。

随着一系列强农惠民政策落实，农业综合生产能力不断提高，确保了国家粮食安全和重要农产品有效供给。2016年粮食产量为61625万吨，连续10年稳定在1万亿斤以上。科技创新和机械化步伐加快，主要作物良种基本实现全覆盖。近年来，我国谷物、肉类、花生、茶叶产量稳居世界第1位，油菜籽稳居世界第2位，甘蔗稳居世界第3位。一批重大水利工程开工建设，耕地灌溉面积占耕地面积比重回升到50%左右。

综合运输网络建设加快推进，横贯东西、纵贯南北、内畅外通的交通运输大通道逐步形成，通达和通畅程度不断提高。2012—2016年，铁路营业里程由9.8万公里增加到12.4万公里；高速铁路运营里程由不到1万公里增加到2.2万公里以上，稳居世界第一。公路里程由424万公里增加到470万公里，其中高速公路里程由9.6万公里增加到13.1万公里，位居世界第一。定期航班航线里程由328万公里增加到635万公里。现代高效的城市轨道交通快速发展。2016年年末，城市轨道交通运营线路里程4153公里，拥有运营线路的城市30个。

信息通信水平快速提升。“宽带中国”战略加快实施，全球最大规模的宽带通信网络基本建成。2016年，固定互联网宽带接入用户2.97亿户，居全球前列；互联网上网人数7.31亿人，比2012年增长29.7%；互联网普及率达到53.2%，提高11.1个百分点。移动互联网业务蓬勃发展。2016年移动互联网接入流量达93.6亿G，手机上网人数达6.95亿人。

能源供给能力不断增强。2016年，发电装机容量超过16亿千瓦。清洁能源发展大踏步前进。2016年，核电发电装机容量3364万千瓦，比2012年增长167.6%；并网风电14864万千瓦，增长142.0%；并网太阳能发电7742万千瓦，增长21.7倍。水电、风电、光伏发电装机规模和核电在建规模均居世界第一。煤炭清洁化利用和石油天然气深度开发水平不断提升。

五是“全面深化改革”的“四梁八柱”改革框架基本确立。

供给侧结构性改革迈出实质性步伐。以“三去一降一补”为重点任务的供给侧结构性改革初见成效。2016年退出钢铁产能超过6500万吨，煤炭产能超过2.9亿吨。2016年年末，商品房待售面积69539万平方米，比上年末减少2314万平方米，下降3.2%，多年来首次出现下降；规模以上工业企业资产负债率为55.8%，比上年末下降0.4个百分点。全面推开营改增，2016年降低企业税费成本1万亿元左右；生态环保、农业、水利和战略性新兴产业等短板领域投资快速增长。

推动简政放权、放管结合、优化服务，市场在资源配置中的决定性作用和政府有效作用得到更好发挥。2013年以来，国务院共取消和下放618项行政审批等事项，提前完成本届政府减少行政审批事项三分之一的目标，彻底终结了非行政许可审批。商事制度改革不断深化，“五证合一、一照一码”推进实施，“双随机、一公开”全面推行。外商投资负面清单管理模式不断完善，在上海、广东、天津、福建开展市场准入负面清单制度试点。

财税金融体制改革稳步推进，全面放开贷款利率管制，取消存款利率浮动上限，汇率双向浮动弹性增强，存款保险制度正式实施，沪港通、深港通开通。国企改革不断深化，公司制股份制改革步伐加快，大多数央企建立了规范的董事会制度，央企子企业公司制改制面超过90%。投融资体制改革全面展开，政府和社会资本合作（PPP）项目落地加快。成品油价格调控机制不断完善，液化石油气出厂价格全面放开。90%左右的城市已推广居民阶梯水电气价。医疗服务价格改革不断推进，公立医院医药价格改革在县级全覆盖、在9个省的城市全面实施。机关事业单位养老保险制度稳步推进，户籍制度改革加快，建立了城乡统一的户口登记制度。全面推行河长制。

六是全方位开放向纵深推进，高水平对外开放呈现新格局。

进出口贸易由量的扩张更加注重质的提升。2016年，我国货物进出口总额24.3万亿元，占世界贸易总额的比重保持在11%以上。货物贸易方式不断优化，一般贸易进出口占比由2012年的52.0%上升到2016年的55.1%。服务进出口快速发展。2016年，服务进出口总额6575亿美元，比2012年增长36.7%，年均增长8.1%，稳居世界第二位。高附加值领域服务出口增长势头强劲，2016年维护和维修服务、信息服务出口均实现40%以上的增长。

双向投资达到新水平。利用外资和对外投资规模均创历史新高，双向投资基本平衡。2013—2016年，我国累计实际使用外资4894亿美元，年均增长3.1%；累计非金融类对外直接投资4915亿美元，年均增长21.6%。吸收外资的质量提高。2016年服务业实际使用外资5716亿元，比上年增长8.3%，其中高技术服务业实际使用外资增长86.1%。

全方位开放取得新进展。2016年，我国与“一带一路”沿线国家进出口总额6.3万亿元，占我国贸易总额比重达25.7%。截至2016年年末，我国企业在沿线国家建立初具规模的境外经贸合作区56个，累计投资超过185亿美元。一批重大工程和国际产能合作项目落地，高铁、核电“走出去”迈出坚实步伐。自由贸易区建设不断加快，中国—东盟自贸区升级议定书正式生效，与冰岛、瑞士、韩国、澳大利亚等国自贸区启动实施。设立上海、广东、天津等11个自贸试验区和12个跨境电子商务综合试验区。

全球经济治理话语权提升。我国深入参与全球治理进程，在全球经济制度建设中不断贡献中国智慧、中国方略。倡议建立亚洲基础设施投资银行和设立丝路基金，成功主办了“一带一路”国际合作高峰论坛、亚太经合组织（APEC）北京峰会、二十国集团（G20）领导人杭州峰会、博鳌亚洲论坛。2016年人民币正式纳入国际货币基金组织特别提款权（SDR）篮子，人民币成为国际储备货币迈出重大步伐。

政治建设：增强社会主义制度优越性

21世纪以来，从全球范围内特别是大国之间的公开制度竞争局面观察，西方制度弊端和劣势更加凸显。中国社会主义政治制度的制度创新、制度质量、制度优势、制度竞争力和影响力，显示出了强大生命力。

十八大以来，党中央一直把中国特色社会主义政治文明制度建设摆在突出位置，充分发挥和增强我国社会主义政治制度优越性：进一步完善人民代表大会制度，提高基层人大代表比例，降低党政领导干部比例；扩大社会主义协商民主，完善协商民主制和工作机制，发挥人民政协践行协商民主的主渠道作用；推动和完善基层民主制度；全面推进依法治国，基本建成法治政府；深化行政体制改革；加快国家治理体系和治理能力现代化取得重大进展等等。

“发展社会主义民主政治，保证人民当家作主，保证国家政治生活既充满活力又安定有序，关键是要坚持党的领导、人民当家作主、依法治国有机统一。”2014年9月5日，习近平主席在庆祝全国人民代表大会成立60周年大会上提出了评价政治制度的八条标准：

“国家领导层能否依法有序更替，全体人民能否依法管理国家事务和社会事务、管理经济和文化事业，人民群众能否畅通表达利益要求，社会各方面能否有效参与国家政治生活，国家决策能否实现科学化、民主化，各方面人才能否通过公平竞争进入国家领导和管理体系，执政党能否依照宪法法律规定实现对国家事务的领导，权力运用能否得到有效制约和监督。”

习近平围绕着是不是民主的、有效的，提出了主要评价标准。是不是民主的，是判断一个国家的政治制度是否体现现代政治文明的重要标志；这种民主制度在国家治理中是否有效，同样是判断其是否是现代政治文明的重要标志。这是对西方某些政治学者所宣扬的“程序至上”标准的有力回应。西方有的政治学者认为，只要选举程序合法，哪怕所产生的政府是无能的、无效的，那么这个政治制度也是民主的。事实上，如果通过一定程序选举不了有为有效的政府，那么这个程序的科学性就应受到怀疑。无效的制度甚至无序的制度不是好的制度，也有悖于现代政治文明，说它是民主制度也毫无意义。

实践证明，经过长期努力，中国特色社会主义政治文明建设在解决这些重点问题上都取得了决定性进展：

一是改革和完善党和国家的领导制度，废除了实际上存在的领导干部职务终身制，确保了党和国家领导机关正常换届和领导人员有序更替。

二是修改完善宪法，推动基层群众自治，实现城乡“同票同权”，不断巩固和完善人民代表大会制度，扩大人民有序政治参与，人民实现了内容广泛、层次丰富的当家作主。

三是坚持发展最广泛的爱国统一战线，坚持和完善中国共产党领导的多党合作和政治协商制度，深入开展政治协商、民主监督、参政议政，发展独具特色的社会主义协商民主。

四是努力建设了解民情、反映民意、集中民智、珍惜民力的决策机制，保证了决策符合人民利益和愿望。

五是改革干部人事制度，建立健全广纳群贤、人尽其才、能上能下、充满活力的用人机制，为各方面优秀人才建功立业开辟了广阔渠道和发展空间。

六是确立和贯彻依法治国基本方略，形成和完善以宪法为统率的中国特色社会主义法律体系，坚持法治国家、法治政府、法治社会一体建设，全社会法治水平不断提高。

七是建立健全权力运行制约和监督体制机制，形成惩治和预防腐败体系，保证党和国家领导机关和人员按照法定权限和程序行使权力。

十八大以来，以习近平同志为核心的党中央尤其通过“全面依法治国”和“全面从严治党”，进一步完善和提高了中国特色社会主义政治文明建设的制度体系和制度优势。

2014年10月，十八届四中全会通过了《中共中央关于全面推进依法治国若干重大问题的决定》，提出并落实改革措施190条。

依法执政是全面依法治国的总方针，也是依规治党的总方略，是现代文明的重要标志，必须“坚持依法治国、依法执政、依法行政共同推进”，实现科学立法、严格执法、公正司法、全民守法，促进国家治理体系与治理能力现代化。

以人民为中心是全面依法治国的总导向。十八大以来，习近平总书记关于“必须坚持以人民为中心”的论断，既是哲学社会科学的价值立场，更是全面依法治国的科学逻辑。

控制权力是全面依法治国的总要求。依法治国，从某种角度讲，就是依法治权。从历史上看，控制权力是法治的初衷，因此，法治也是“控权之治”。十八大以来，我国在控制滥用权力、反对腐败方面取得的成效极为显著。

构建中国特色社会主义法治体系是全面依法治国的总目标。党的十八届四中全会的重大贡献之一，就是提出和阐明了构建中国特色社会主义法治体系这个科学命题，并将它作为全面依法治国的总目标。

公正司法是全面依法治国的根本保障。十八届四中全会《决定》中引人注目的有：建立领导干部干预司法活动，插手具体案件处理的记录、通报和责任追究制度；优化司法职权配置，推动审判权与执行权分离；变立案审查为立案登记制度；确立以审判为中心的诉讼制度改革；确立司法责任制度；实行司法管理体制改革；确定无罪推定、疑罪从无原则；探索建立检察机关提起公益诉讼制度；确定排除非法证据制度等等。也因此，两年多来，我国的司法体制与机制改革取得巨大成就，仅平反冤假错案就有多件，释放了因证据不足长期关押的人员多名，受到了广大人民的支持与欢迎，特别是被平反和被释放的人员不仅获得自由，而且还得到了赔偿。这些迟到的正义虽然有些不尽如人意，但仍然是种正义，是一种安慰和补偿。司法机关的重大改革和转变，大大提高了司法的公信力，在今年全国人大和地方各级人大的投票中，司法机关的满意率大大提高，人民对司法的公信力大为提升。

2016年10月，十八届六中全会研究全面从严治党重大问题，审议通过了《关于新形势下党内政治生活的若干准则》和《中国共产党党内监督条例》。

十八大以来，以习近平同志为核心的党中央，带领全党向人民做出了“打铁还需自身硬”庄严承诺，立下了全面从严治党的军令状。同时，把全面从严治党提到统筹协调推进“五位一体”“四个全面”的新的历史高度，将从严管党治党作为巩固和加强党的领导的有力抓手。

五年来，党中央以身作则担当起历史责任，中央政治局常委会认真听取每轮中央巡视情况汇报，习近平总书记次次就加强巡视工作做出重要指示；中央政治局专门就“严肃党内政治生活、净化党内政治生态”进行集体学习，进一步深化对全面从严治党的认识；中央政治局审议并通过《中国共产党问责条例》……党中央示范引领，树起鲜明旗帜，对各级党组织和党员领导干部落实责任、扛起担当形成强有力的督促。

这是中国共产党90多年历史上，第一次提出“全面从严治党”，核心目标就是着力解决管党治党“失之于宽、失之于松、失之于软”的问题，使不敢腐的震慑作用充分发挥，不能腐、不想腐的效应初步显现，反腐败斗争压倒性态势正在形成。

正如习近平总书记在十八届六中全会上所言，就是得罪千百人、不负十三亿，宁肯得罪千百个腐败分子，也不可辜负十三多亿中国人民。十八大以来，中央纪委共立案审查中管干部即中央一级管理的干部是240人，是十七大期间审查中管干部人数的3.6倍，尤其是严厉查处了周永康、薄熙来、郭伯雄、徐才厚、令计划这样严重的违纪违法案件，严肃查处政治腐败和经济腐败通过利益输送相互交织，消弭了党和国家的重大政治隐患。

尤其明显的数据是“一降一升”：“一降”就是纪检机关目前接到的检举控告类信访举报呈下降态势。2016年比2015年接到的此类举报下降了17.5%，是十八大以来的首次回落；“一升”，纪检机关立案审查和处分的党员人数持续上升。从2012年全国查办的案件15.5万件次、处分16.1万名党员，到2016年年底立案件次已经达到41.3万件、处分党员人数已经达到了41.5万人。在党员基数不断增长背景下，党员受处分率从1.8‰上升到4.3‰。

仅2016年一年，在强有力的反腐败高压态势震慑下，有5.7万名党员主动向组织交代了自己的问题，彰显压倒性态势。所以，全面从严治党，党风廉政建设和反腐败斗争取得的明显成效，赢得了人民群众对党中央的信心、信任和信赖，厚植了党执政的政治基础，成为十八届党中央最耀眼的政治成就之一。

文化建设：自觉、自信、自强的社会主义文化强国

党的十八大以来，在以习近平同志为核心的党中央领导下，推动文化体制改革在新的起点上纵深拓展，取得一批开拓性、引领性、标志性的制度创新成果，文化体制改革主体框架基本确立，进一步激发了文化创新创造活力，进一步促进了文化事业和文化产业发展繁荣，进一步增强了人民群众的文化获得感和幸福感。

通过制定《深化文化体制改革实施方案》，编制《国家“十三五”时期文化发展改革规划纲要》，出台“两个效益”相统一、媒体融合发展、特殊管理股试点、新闻单位采编播管人事管理制度改革、采编和经营两分开、文艺评奖改革、构建现代公共文化服务

体系、实施中华优秀传统文化传承发展工程、国际传播能力建设等40多个改革文件，细化了改革的路线图、时间表、任务书，搭建起文化制度体系的“梁”和“柱”。截至2017年7月，党的十八届三中、四中、五中、六中全会确定的104项文化体制改革任务已完成97项，其余7项正在抓紧推进之中。

我国构建了世界最大规模的现代公共文化体系，覆盖了世界最大规模的人口，提供了最丰富且多样化的文化产品以及文化精品。截至2015年，我国广播节目综合人口覆盖率达到98.17%；电视节目综合人口覆盖率达到98.77%；全国电影票房收入达到441亿元，居世界第二位；全国公共图书馆、文化馆（站）、博物馆服务人次达到近20亿。从2012年到2016年，文化产业增加值由1.81万亿元增加到3.03万亿元，首次突破3万亿元；占GDP的比重从3.48%提高到4.07%，首次突破4%。2016年，文化产业固定资产投资额达33713亿元，比2012年增长115.5%，年均增长21.2%；居民用于文化娱乐的人均消费支出为800元，比2013年增长

38.7%，年均增长11.5%。在整体经济下行压力较大的背景下，文化产业保持两位数的增长速度，展现了蓬勃的生机与活力。

一是积极构建现代文化市场体系和文化产业体系，提高文化产业发展的质量和效益，努力推动文化产业成为国民经济支柱性产业。

完善文化产品创作生产扶持引导机制。出台《电影产业促进法》《关于支持电影发展若干经济政策的通知》《关于支持戏曲传承发展若干政策的通知》等法律及政策性文件，改进国家艺术基金、国家出版基金、电影精品专项资金、文化产业发展专项资金等运行机制，加大对优秀产品的引导扶持力度。

二是发展壮大文化市场主体。推动国有文化企业跨地区跨行业跨所有制兼并重组，加快培育实力、竞争力强的骨干文化企业。

从2017年第九届“文化企业30强”整体情况看，规模实力、市场竞争力和盈利能力不断增强，主营收入3515亿元、净资产4318亿元、净利润381亿元，与

2012年的相比，分别增长了120%、155%、69%。推动大众创业、万众创新，专、精、特、新的小微文化企业“铺天盖地”。根据工商总局数据，截至2017年6月底，全国文化及相关产业企业数量超过322万户，同比增长22.4%，比全国企业数量平均增速高出3.1个百分点。

三是深化文化投融资体制改革。推动文化资源与多层次资本市场有效对接，更好发挥资本平台促进文化企业发展的乘数效应。

截至2017年4月底，沪深两市文化上市公司达103家，约占A股上市公司总数的3.21%，形成特色鲜明的“文化板块”。全国中小企业股份转让系统启动以来，挂牌的文化企业有690家，约占新三板挂牌企业总数的6.2%。

四是对接“互联网+”战略，实施“文化+”行动，推动文化与科技、教育、信息、旅游、体育、建筑设计及相关制造业等深度融合。

2016年以“互联网+”为主要形式的文化信息传

输服务业营业收入同比增长超过30%，全国备案上线的网络电影5556部，40家主要网络文学网站推出作品1454.8万种。扩大和引导文化消费，支持大中城市建设文化娱乐综合体，支持艺术街区、特色书店和小剧场等建设，鼓励有条件的地方适当补贴居民文化消费。截至2017年6月，全国银幕总数达到4.5万块，已经超过美国和加拿大总和，跃居世界第一。

五是补齐文化短板，促进基本公共文化服务标准均等化。

贵州建设多彩贵州广电云农村覆盖工程，推进广电云向行政村延伸覆盖；探索“按需制单、百姓点单”，河南省焦作市实施“百姓文化超市”惠民工程，“超市化”供应、“订单式”配送精准惠民；推进基层文化资源整合，实现“一站式”服务，全国形成了安徽农民文化乐园、浙江农村文化礼堂、山东文化大院、广西“五个一”村级公共服务中心等各具特点的建设模式……

五年来，各地各有关部门坚持政府主导、社会参与、重心下移、共建共享，加快构建现代公共文化服务体系，补齐短板、提高效能，打通公共文化服务“最后一公里”。有关部门统筹安排财政资金，实施百县万村综合文化中心工程，在集中连片特殊困难地区县和国家扶贫开发工作重点县扶持建设1万个村综合文化服务中心；2016年，又启动贫困地区民族自治县、边境县村综合文化服务中心覆盖工程，推动贫困地区民族自治县、边境县村级文化中心建设的全覆盖。

六是加快走出去步伐，努力讲好中国故事、提升中华文化国际影响力。

十八大以来，我国不断扩大对外文化交流合作，主动“走出去”。先后印发《关于进一步加强和改进中华文化走出去工作的指导意见》《关于加快发展对外文化贸易的意见》《关于加强“一带一路”软力量建设的指导意见》等文件，统筹对外文化交流、文化传播和文化贸易，讲好中国故事，传播好中国声音，文化走出去力度空前加大。

中华文化影响力日益扩大，中文、中国功夫、中国书画、中华美食魅力四射。2016年年底，我国已和“一带一路”沿线的60多个国家全部签订了政府间文化交流合作协定；已在全球140个国家和地区建立了512所孔子学院和1073个中小学孔子课堂，建成海外中国文化中心30个、中国馆14个。“欢乐春节”“中国文化年（节）”等各种文化品牌活动遍及全球，主流媒体国际传播能力不断提升。

推进对外文化贸易，扩大我国文化产品和服务在国际市场的份额和竞争力。2016年，我国文化产品出口额786.7亿美元，文化体育和娱乐业对外直接投资39.2亿美元，较2012年增长18.6倍；图书版权输出1万种，输出和引进品种比例由2012年的1：1.9提高到2016年的1：1.6。

上述数据都显示了中国正在不断加强文化建设、文化创新、文化繁荣，正在成为社会主义文化强国，比以往任何时候更具文化自觉、文化自信、文化自强。

社会文明：迈进世界高人类发展水平国家

五年来，在以习近平同志为核心的党中央坚定领导下，人民生活水平和质量迈上一个大台阶。各地区各部门坚持民生优先，千方百计增加居民收入，加大收入分配调节力度，努力实现居民收入增长和经济增长同步，坚决打好脱贫攻坚战，全面提高社会保障水平，城乡居民获得新实惠，人民生活实现新改善。

居民收入保持较快增长。2016年，全国居民人均可支配收入23821元，比2012年增加7311元，年均实际增长7.4%。按常住地分，城镇居民人均可支配收入33616元，比2012年增加9489元，年均实际增长6.5%；农村居民人均可支配收入12363元，比2012年增加3974元，年均实际增长8.0%。农村居民收入增速连续7年高于城镇居民，城乡居民收入差距持续缩小。

2016年，城乡居民人均可支配收入倍差为2.72，比2012年下降0.16。

居民收入增速快于经济增速。2016年全国居民人均可支配收入23821元，比2012年增长44.3%，扣除价格因素，实际增长33.3%，年均实际增长7.4%，快于同期GDP年均增速0.2个百分点，更快于同期人均GDP年均增速0.8个百分点。2016年，全国居民人均可支配收入与2010年相比实际增长62.6%，为2020年实现居民收入比2010年翻番的目标打下坚实基础。在未来四年内，只要居民收入年均实际增速在5.3%以上，到2020年居民收入比2010年翻番的目标就可实现。

收入差距持续缩小。一是城乡差距持续缩小。2016年城镇居民人均可支配收入33616元，比2012年增长39.3%，年均实际增长6.5%。2016年农村居民人均可支配收入12363元，比2012年增长47.4%，年均实际增长8.0%。农村居民人均可支配收入年均实际增速快于城镇居民收入增速1.5个百分点。2016年城乡居民人均可支配收入之比为2.72，比2012年下降0.16；二是地区差距不断缩小。2012年以来，西部地区居民人均可支配收入年均增速为10.3%，比中部地区高0.4个百分点，比东部地区高0.9个百分点。2016年东部地区与西部地区居民人均收入之比为1.67（西部地区居民收入=1），中部地区与西部地区居民人均收入之比为1.09。东部与西部、中部与西部收入相对差距分别比2012年缩小0.06、0.02；三是基尼系数有所下降。2016年全国居民人均可支配收入基尼系数为0.465，比2012年的0.474下降0.009，居民收入差距总体在不断缩小。

消费水平持续提高。2016年全国居民人均消费支出17111元，比2012年增长33.1%，年均增长7.4%。分城乡看，城镇居民人均消费支出23079元，比2012年增长26.2%，年均增长6.0%；农村居民人均消费支出10130元，比2012年增长43.4%，年均增长9.4%。

恩格尔系数持续下降。城镇居民恩格尔系数从2012年的31.4%下降至2016年的29.3%，下降2.1个百分点；农村居民恩格尔系数从2012年的37.5%下降至

2016年的32.2%，下降5.3个百分点。居民恩格尔系数的下降，标志着居民生活水平的进一步提高。

居民生活质量不断提升。2016年，全国居民人均消费支出17111元，比2012年增加4255元，年均名义增长7.4%。消费结构升级步伐加快，发展享受型消费占比明显上升。2016年，全国居民恩格尔系数为30.1%，比2012年下降2.9个百分点，接近联合国划分的20%至30%的富足标准；交通通信、教育文化娱乐、医疗保健支出占消费支出的比重分别比2012年提高2.0、0.7和1.3个百分点。居民物质和精神生活极大丰富。2016年，全国居民每百户家用汽车拥有量27.7辆，比2013年增长63.9%；国内旅游人数44.4亿人次，比2012年增长50.2%；出境旅游人数1.22亿人次，比2012年增长46.7%。

精准扶贫成效卓著。精准扶贫精准脱贫深入实施，扶贫工作机制和模式不断创新，金融扶贫、产业扶贫、易地扶贫、教育扶贫等成效明显，脱贫攻坚战取得新胜利。按照每人每年2300元（2010年不变价）

的农村贫困标准计算，2016年农村贫困人口4335万人，比2012年减少5564万人，平均每年减贫近1400万人；贫困发生率下降到4.5%，比2012年下降5.7个百分点。贫困地区农民收入增长幅度高于全国。2016年，贫困地区农村居民人均可支配收入8452元，扣除价格因素，比2012年实际年均增长10.7%，比全国农村居民收入年均增速快2.7个百分点。

社会保障覆盖面持续扩大。覆盖城乡居民的社会保障体系基本建成。2016年年末，参加基本养老、城镇基本医疗、失业、工伤和生育保险人数分别比2012年年末增加9981万、20751万、2864万、2879万和3022万人。企业退休人员基本养老金水平自2005年开始连续12年上调。城乡居民基本医疗保险制度整合取得实质性进展，2015年个人卫生支出占卫生总费用的比重下降到29.3%，基本医保总体实现全覆盖。

生活环境持续改善。城镇地区通公路、通电、通电话、通有线电视已接近全覆盖，农村地区“四通”覆盖面不断扩大。2016年农村地区有99.7%的户所在自然村已通公路，比2013年提高1.4个百分点；有99.7%的户所在自然村已通电，比2013年提高0.5个百分点；有99.7%的户所在自然村已通电话，比2013年提高1.1个百分点；有97.1%的户所在自然村已通有线电视，比2013年提高7.9个百分点。

2016年城镇地区有94.2%的户所在社区饮用水经过集中净化处理，农村地区有53.6%的户所在自然村饮用水经过集中净化处理，分别比2013年提高2.9和8.0个百分点。2016年城镇地区有97.7%的户所在社区垃圾能够做到集中处理，比2013年提高1.8个百分点；2016年农村地区有66.9%的户所在自然村垃圾能够做到集中处理，比2013年提高18.2个百分点。

教育事业明显加强。居民受教育程度不断提高。15岁及以上人口平均受教育年限由2010年的9.05年提高到2015年的9.42年。教育公平迈出新步伐。九年义务教育全面普及，高等教育毛入学率显著提高，2016年达到42.7%，比2012年提高12.7个百分点。2013年以来，贫困地区义务教育薄弱学校办学条件不断改善，

2016年开始农村贫困家庭学生普通高中学杂费得到免除。

健康中国建设加快推进。公共卫生服务机构和卫生服务人员数量大幅增加，为满足人民群众卫生服务需求提供了重要保障。2016年年末，全国医疗卫生机构数达到98.3万个，其中医院2.9万个，比2012年年末增加0.6万个；全国卫生技术人员845万人，增加178万人。每千人口医疗卫生机构床位数由2012年的4.24张增加到2016年的5.37张。公共卫生整体实力和疾病防控能力迈上新台阶，城乡居民健康状况显著改善。

我国人均预期寿命从2010年的74.83岁提高至2015年的76.34岁，提高了1.51岁，主要健康指标已居上中等国家前列；我国劳动年龄人口平均受教育年限从2010年的9.7年增至2015年的10.23年；我国人类发展指数（HDI）从2010年的0.699上升至2015年的0.730，进入世界高人类发展组，使得该组人口总数达到史无前例的25.17亿人。

生态文明：全球绿色文明的领航者

“推动形成绿色发展方式和生活方式，是发展观的一场深刻革命。这就要坚持和贯彻新发展理念，正确处理经济发展和生态环境保护的关系，像保护眼睛一样保护生态环境，像对待生命一样对待生态环境，坚决摒弃损害甚至破坏生态环境的发展模式，坚决摒弃以牺牲生态环境换取一时一地经济增长的做法，让良好生态环境成为人民生活的增长点、成为经济社会持续健康发展的支撑点、成为展现我国良好形象的发力点，让中华大地天更蓝、山更绿、水更清、环境更优美。”

2017年5月26日，中共中央政治局就推动形成绿色发展方式和生活方式进行集体学习，习近平总书记再次强调，要充分认识形成绿色发展方式和生活方式的重要性、紧迫性、艰巨性，把推动形成绿色发展方式和生活方式摆在更加突出的位置。

五年来，中国特色社会主义生态文明建设一经提出就变成了十三多亿国人最大的社会共识，在习近平总书记“绿水青山就是金山银山”的号召下，生态文明建设真真切切地改变着人们的生活，也实实在在地改变着中国面貌。

2012年11月，党的十八大首次将生态文明建设作为“五位一体”总体布局的一个重要部分；十八届三中、四中全会先后提出“建立系统完整的生态文明制度体系”“用严格的法律制度保护生态环境”，将生态文明建设提升到制度层面；十八届五中全会提出“创新、协调、绿色、开放、共享”的新发展理念，生态文明建设的重要性愈加凸显。

五年来，全国上下贯彻绿色发展理念，加大环境治理力度，着力改善生态环境，全面节约和高效利用资源，构建生态安全屏障，主要污染物排放总量得到控制，资源节约型、环境友好型社会建设取得积极进展。

节能减排成效显著。能源资源利用效率得到整体提升，单位GDP能源资源消耗明显下降。2016年，单位国内生产总值能耗、用水量分别比2012年下降17.9%和25.4%。主要污染物减排效果显著。2015年，全国化学需氧量排放量比2012年下降8.3%，氨氮排放量下降9.3%，二氧化硫排放量下降12.2%，氮氧化物排放量下降20.8%。

环境治理和保护力度持续加大。造林步伐继续加快。2016年，全国完成造林面积679万公顷，比2012年增长21.3%。森林覆盖率由第七次全国森林资源清查（2004—2008年）的20.36%上升到第八次全国森林资源清查（2009—2013年）的21.63%，提高1.3个百分点，森林蓄积净增长14.16亿立方米。水土流失治理稳步推进。2016年，全国新增水土流失治理面积达5.4万平方公里，比2012年增长24.5%。城市环境综合治理能力提高。2016年年末，城市污水处理厂日处理能力14823万立方米，比2012年年末增长26.3%；城市生活垃圾无害化处理率为95.0%，提高10.2个百分点；城市建成区绿地率为36.4%，提高0.7个百分点。

环境质量稳步改善。坚决打好蓝天保卫战，城市空气状况趋于好转。2016年，在监测的338个城市中，城市空气质量达标的城市占24.9%，比上年提高3.3个百分点；细颗粒物（PM2.5）未达标地级及以上城市年平均浓度52微克/立方米，比上年下降8.8%。海洋环境改善。近岸海域海水水质监测点中，达到国家一、二类海水水质标准的监测点占73.4%，比2012年提高4个百分点；四类、劣四类海水占16.3%，比2012年下降7.6个百分点。

习近平总书记强调，“像保护眼睛一样保护生态环境，像对待生命一样对待生态环境，坚决摒弃损害甚至破坏生态环境的发展模式，坚决摒弃以牺牲生态环境换取一时一地经济增长的做法。”并要求，“要落实领导干部任期生态文明建设责任制，实行自然资源资产离任审计，认真贯彻依法依规、客观公正、科学认定、权责一致、终身追究的原则，明确各级领导干部责任追究情形。对造成生态环境损害负有责任的领导干部，必须严肃追责。”十八大以来，中国的生态环境治理一直走在标本兼治的快速路上。

五年来，生态环保改革制度不断完善，生态文明体制建设的顶层设计初现端倪——《大气污染防治行动计划》《水污染防治行动计划》《土壤污染防治行动计划》陆续出台；新修订的《环境保护法》颁布施行；《“十三五”生态环境保护规划》《控制污染物排放许可制实施方案》等接连发布；全国人大常委会首次审议环保目标完成情况报告，《环境保护税法》获全国人大常委会审议通过……

五年来，围绕生态环保展开的执法督察越来越严格——“两高”司法解释降低环境入罪门槛、最高人民法院成立环境资源审判庭；中央环保督察启动、省以下环保机构监测监察执法垂直管理制度改革开始试点；建成由352个监控中心、10257个国家重点监控企业组成的污染源监控体系，强化在线实时监控效果……

2016年，全国各级环保部门下达行政处罚决定12.4万余份，罚款66.3亿元；全国实施按日连续处罚、查封扣押、限产停产、移送行政拘留、移送涉嫌环境污染犯罪案件共22730件。同年，中央环保督察组全年共进驻16个省份，分别展开为期约一个月的督察工作。合计受理群众举报3.3万件，约谈6307人，问责6454人。

事实上，十八大《报告》关于生态文明建设的命题一经提出，立刻受到国际社会广泛关注。2013年2月，联合国环境规划署第27次理事会，将来自中国的生态文明理念正式写入决议案；2016年5月，联合国环境规划署发布《绿水青山就是金山银山：中国生态文明战略与行动》报告。

2017年3月，联合国环境规划署执行主任埃里克·索尔海姆接受媒体采访时表示，“中国政府不仅关心经济增长的速度，也关注增长的质量和可持续性。中国将可能同时拥有健康的经济和健康的生态环境。中国经济进入新常态并且坚持可持续发展的经验，对发达国家和发展中国家都有启发，这是全世界都需要的领导力。”

并举例说，中国正在推广废弃物循环利用与电动汽车项目。在北京和上海，针对电子废弃物与电池的循环利用体系正迅速形成。在深圳等城市，政府积极推动电动出租车换代，努力让市民呼吸到更清新的空气。2016年5月，联合国环境规划署在内罗毕总部举办的全球空气质量行动报告发布会上发布了《北京空气污染治理历程：1998—2013年》评估报告。报告指出，北京初步形成了经济社会与环境保护协调发展的局面，大气污染治理措施效果显著，为全球其他发展中经济体提供了值得借鉴的经验。

“生态文明建设在中国已深入人心，中国在环保领域取得的成功不仅对中国很重要，也为其他受环境问题困扰的国家树立了榜样。”埃里克·索尔海姆尤其高度评价中国为推动世界性环保协定的达成发挥的引领作用。2016年4月，中国批准了《关于汞的水俣公约》，旨在预防有害工业汞污染物引起的新生儿生理缺陷与疾病。2016年4月，中国在《巴黎协定》开放签署首日签署协定，并于同年9月批准协定，向世界各国发出了可持续发展的信号。中国在《蒙特利尔议定书》第二十八次缔约方大会上也发挥了建设性作用，推动全球通过了关于削减氢氟碳化物的修正案。此外，中国还批准了《获取与惠益分享名古屋议定书》，助力生物多样性保护。中国还承诺建设绿色“一带一路”，并将绿色金融纳入二十国集团（G20）的优先领域。

十八大以来的五年，中国社会主义生态文明建设实际上已经推动中国这个一度被西方社会指责为全球工业污染大国的新兴经济体，幡然巨变为全球绿色文明的领航者。

自2012年以来，中国清洁能源投资额连续5年位居全球第一。2015年，中国的清洁能源投资额达到1110亿美元，占全球清洁能源投资的33.6%，接近美国和欧洲2015年清洁能源投资的总额。统计显示，2016年中国成为全球最大可再生能源生产和消费国，贡献了全球可再生能源产量增长的40%以上。2017年最新发布的《BP世界能源统计年鉴》给出了惊艳的证实，2016年，中国（大陆）可再生能源消费量86.1百万吨油当量，同比增长33.4%，占全球可再生能源消费量的20.5%，成为全球最大可再生能源消费国。美国彭博社报道称，中国在清洁能源创新的研发方面投入了大量资金，并正在努力成为清洁能源发展的动力源泉。

当前，我国煤炭、石油等化石能源产量正在削减，但可再生能源生产健步如飞。国家发展改革委、国家能源局等发布的数据显示，2016年我国煤炭产量同比下降9.4%；原油产量同比下降7.3%；太阳能发电量同比增长69%；风力发电量同比增长29.4%。同时，统计显示，如今中国有超过四分之一的电力供应来自清洁能源发电。清洁能源在电力装机总比例中占比已超过三分之一。中国可再生能源发展“十三五”规划提出，到2020年，风电项目电价可与当地燃煤发电同台竞争，光伏项目电价可与电网销售电价相当。

五年来，中国积极参与、推动并签署了《巴黎协定》，是最早通过立法程序认定《巴黎协定》的国家之一，也是最早向联合国提交应对气候变化国别方案的国家之一。中国提出，将于2030年前后使二氧化碳排放达到峰值并争取尽早实现，2030年单位国内生产总值二氧化碳排放比2005年下降60%至65%，非化石能源占一次能源消费比重达到20%左右。中国在可再生能源尤其是风能和太阳能光伏领域的领先地位和持续投入，无疑为这一目标的实现提供了强有力支撑。BP能源年鉴显示，2016年全球二氧化碳排放同比增长0.1%，而中国碳排放同比下降了0.7%。

现在，国内外权威机构发布的数据显示已经广泛证实，在全球能源世界中，中国是全球最大的可再生能源生产和消费国，是全球最大的可再生能源投资国，中国水电、风电、太阳能光伏发电装机规模居世界第一，中国核电在建规模居世界第一，中国是全球最大的新能源汽车生产和消费国。

对此，“德国之声”电台援引欧洲太阳能协会负责人詹姆斯·沃特森的表态称，“中国政府在过去10

年间下大力气开发可再生能源技术，包括不断加大对光伏发电产业的投入，都是实施能源战略转型的重要举措。10年前，欧洲和美国也曾有这样的机会，可惜他们错过了大力发展新能源的良机。”《纽约时报》的报道则指出，中国的“清洁能源行动”已经带来了积极的变化，“中国在可再生能源利用方面已经构建了竞争优势。”

第五章

跨越“中等收入陷阱”

结构性减速的中国六大挑战

“中等收入陷阱”的根源

“新理念”引领“新常态”破解世界发展难题

改革开放以来的35年国民经济蓬勃发展，经济总量连上新台阶。1979年至2012年，中国经济年均增速达9.8%，同期世界经济年均增速只有2.8%。然而，随着2008年国际金融危机爆发，全球经济陷入长期停滞时期，中国经济也从高速增长步入了中高速增长的新台阶。

这种经济增速的换挡减速实际上从2011年就开始了。2011年以来，中国经济就进入了增速连续下滑的轨道。2016年GDP同比增长6.7%，较2010年下降了3.9个百分点。伴随着经济增速下滑，中国劳动力成本迅速上升，城镇化进程放缓，传统工业产能过剩日趋严重……此时此刻，“中等收入陷阱”一词开始笼罩在中国上空。

“中等收入陷阱”意指一个国家发展到中等收入阶段（人均国内生产总值3000美元左右）后，可能出现两种结果：或者持续发展，逐渐成为发达国家；或者出现贫富悬殊、环境恶化甚至社会动荡等问题，导致经济发展徘徊不前。后一种结果称走入了“中等收入陷阱”。

2007年，世界银行发布了关于东亚的主题报告——《东亚复兴：关于经济增长的观点》，针对性地首次提出“中等收入陷阱”的警示。该报告引用的文献表明，与较富或较穷的国家相比，中等收入国家增长会相对较慢。于是，这个一时广为经济学家讨论的经济现象，即“一个国家的人均收入达到中等水平后，由于不能顺利实现经济发展方式的转变，导致经济增长动力不足，最终出现经济停滞的一种状态”，在新世纪第二个十年后常常作为对中国经济前景判断的参照点。尤其是因中国财政部、国务院发展研究中心和世界银行合作开展的一项旨在寻求中国跨越中等收入陷阱之路的研究，更加引起全世界的关注。

结构性减速的中国六大挑战

针对“中等收入陷阱”的研究中，经济学家通常认为“陷阱”中的国家一般具有以下特征：既丧失了与低收入、低工资经济体在制造业方面的竞争优势，也没有能力同发达经济体在高技术创新领域展开竞争，经济无法由依靠廉价劳动力或资源能源类自然禀赋向依靠高生产率导向的增长模式转变。此特征不完全对症中国经济，但中国经济发展在新世纪后的确不得不面对六个新挑战。

其一，资源配置效率下降。

改革开放30多年里，中国经济增长主要依靠的是大量的劳动力和资源从劳动生产率低的第一次产业即农业、种植业等，向劳动生产效率高的第二产业即工业、制造业、建筑业转移。这种长期、大规模的资源重新配置，带来了劳动生产率的大幅提高。但经过30多年的发展，中国以传统工业为主的第二产业已趋饱和，大量劳动力和资源开始向服务业为主的第三产业转移。然而，由于中国目前大部分服务业多处于低端，劳动生产率显著低于制造业。基于生产率差距，当越来越多的人口和资源从制造业转移到劳动生产率相对较低的服务业时，中国经济整体的劳动生产率必将下降，并累及经济增长速度下滑，成为一个必然面对的坚硬的发展现实。

其二，低成本“人口红利”走向尾声。

过去30余年中，中国每年数以千万计的劳动力从闲置、半闲置状态转移到制造业，是构成支撑中国经济高速增长的主要因素。这就是人们熟知的“人口红利”。但是，进入21世纪后，尤其是第二个十年开始，中国廉价劳动力供给开始放缓，人口老龄化趋势明显，人口抚养比重上升，并继以总人口下降的趋势，使得支撑中国经济长期发展的“人口红利”逐渐消失，迎来了“刘易斯转折点”。

2017年7月，武汉大学质量发展战略研究院发布《中国制造业企业如何应对劳动力成本上升——中国企业—劳动力匹配调查报告》显示，进入20世纪90年代，中国的劳动力工资开始持续上升。2006年至2015年10年间，中国制造业工人的工资增长了近一倍。2015年，中国劳动力的月工资为635美元，已经高于泰国、巴西、马来西亚、墨西哥等新兴经济体和发展中国家。与此相反，根据调查报告，从利润率来看，2015年受访企业的平均利润率从2011年的6.2%下降到2015年的3.3%。受访企业管理者认为，劳动力成本是妨碍企业发展的最主要因素，妨碍程度达60%。

尽管从绝对水平看，中国制造业仍然具有单位劳动力成本低的优势，但成本快速上升已经开始削弱这一优势，并对中国制造业的国际竞争力形成不利冲击。在未来相当长的时间内，在劳动投入增长率趋降的背景下，摩擦性失业、结构性失业将与相当程度的“用工荒”长期存在。

其三，资本边际效率持续下降。

随着经济增速的下降，经济社会中出现了较为普遍的感受“实体经济难过，生意难做，钱不好挣。”2017年1月，国家信息中心首席经济学家范剑平预测，“目前实体经济的投资回报率明显下降，过去我们固定投资投100的钱，可以挣18.89，2015年只能挣0.17元，几乎是投资零利润。”这也表明，新世纪第二个十年后，中国资本边际效率开始持续下降。

事实上，中国的信贷投放近年来不但没有减少，相反持续加大加快。2016全年人民币贷款增加12.65万亿元，加上2016年已完成的4万亿元的地方政府债务置换，贷款新增已经达到16.6万亿元。与此形成鲜明对照的是，2016年中国制造业投资增长仅3.5%，为改革开放以来中国制造业投资最低点。

对实体经济而言的“资产荒”所反映出的另一面就是，大量资本和信贷为追求暴利进入了金融投资、资本投机尤其是房地产金融等虚拟经济领域。2016年上半年六个月内，银行系统每月投放的住房信贷在

4000亿—5000亿元，但投放于工商企业的信贷只有1000多亿元。

2016年，中国金融业GDP占全部GDP比重已经超过9%。与此相比，作为全世界金融业最发达的美国和英国，其金融业GDP比重只有7%左右。这并非表明中国金融业的效率超过了美英两国，而只是证明因为缺乏实体经济支撑导致中国实体经济资本回报率低下，使得整体经济呈现严重的“脱实趋虚”，为中国经济带来巨大的金融风险的隐患。

其四，科技创新能力滞后。

依据南非、巴西等陷入中等收入陷阱的国家经验，在本国工资成本大幅上升时，本国的经济体系能否从低附加值的产品市场成功升级进入高附加值的产品市场，让自己的产品在国际市场富有竞争力，是能否成功跨越中等收入陷阱的关键。在这其中，技术进步特别是生产效率和产品创新能力的提高，发挥着关键作用。

新世纪以来，中国在科技领域的赶超速度令世界惊艳，但与发达国家的差距仍然很大。具体在科技论文数量和质量、专利技术的数量、科技成果的转化能力等方面，远远没有处于世界前沿水平。企业更是缺乏技术方面的创新能力，对技术引进的依赖程度仍然很高。世界经济论坛发布的《全球竞争力报告（2016—2017）》显示，中国竞争力指数排名第28位，主要得益于中国宏观经济稳定性和市场规模等因素，而反映科技、教育水平和制度建设程度等因素则大多排位较低。例如，“高等教育与培训”排名第54位，“技术准备”排名第74位，“商品市场效率”排名第56位，“金融市场成熟度”排名第56位。

而且，从历史数据看，中国经济的生产率进步对经济增长的贡献在2008年国际金融危机以来已开始下降。据中国社科院学部委员蔡昉研究分析，按照最能体现技术进步的全要素生产率（TFP）核算，中国全要素生产率从1995年至2009年每年3.9%下降到了2011年至2015年每年3.1%。再往前预测，“十三五”时期，即2016年至2020年，中国全要素生产率将会下降到2.7%。尽管过程并非剧烈，但下行趋势明显。

其五，资源环境约束增强。

从世界发展看，历史上18、19世纪崛起的现代化国家，其人口规模不过千万级。20世纪崛起的现代化国家，如日本等国人口规模则上亿级。而目前看，21世纪崛起的国家，特别是中国和印度，人口规模将达到十亿级。这意味着，随着新兴经济体和发展中国家全面崛起，未来中国和世界将面临着空前的资源压力。

目前，发达国家普遍处于后工业化阶段，高能耗高污染的工业很少，使得其在生产中的污染和排放更少。反观中国，华北地区有如此严重的雾霾污染问题，很大程度上归因于产业结构过于偏重高能耗高污染的重工业。据统计，2016 年京津冀三地合计钢铁产量2.1亿吨，占全国粗钢产量比重为26.05%，占全球粗钢产量的12.9%。这样的产业结构下已经难以为继。

与此同时，据哈佛大学经济学教授爱德华·格莱泽研究，即使在美国最绿色的城市地区，汽车和家庭能源使用所产生的碳排放仍然要比中国城市的平均水平高出10倍以上，如果将中国和印度的人均碳排放提高到美国人均水平，则全球碳排放将提高139%。因此，中国人收入提高后采用美国人高能耗的生活方式，是不可想象，更是地球不可能负担的。

资源环境约束对中国而言，一方面市要降低生产过程中的资源消耗和排放，另一方面则是要尊奉低消耗低排放的生活方式。就社会总体而言，这显然就需要我们将城市化的水平和质量置于更重要的地位，大规模采用低能源消耗的交通方式和生活方式。

其六，国家竞争压力加剧。

目前，中国正处于从产业链低端向产业链中高端升级的进程中。这一发展阶段面对的局面就是“前有堵截、后有追兵”。一方面，要与发达国家主宰的高端产业竞争，争取占有一席之地；另一方面，其他发展中国家如印度、印尼、越南等正在产业链的中低端与中国展开激烈竞争。两面作战的困境，相当程度上制约了中国经济增长，成为导致结构性减速的主要外部因素。

面对“追兵”最佳的战略选择就是迅速前进，拉开与其距离通过提升产业竞争力跻身全球产业链的高端位置，对中国而言命运攸关，因为这决定了中国能否通过转型升级摆脱“中等收入陷阱”，最终成为现代化发达国家。

面对堵截最佳的战略选择就是加快突围。首先，在技术前沿方面，最大的历史性挑战就是第四次工业革命，将重构发达经济体和新兴经济体在国际分工体系中的地位及利益分配格局。第四次工业革命，是以互联网产业化，工业智能化，工业一体化为代表，以人工智能，清洁能源，无人控制技术，量子信息技术，虚拟现实以及生物技术为主的全新技术革命。中国若不能在此打破发达国家的技术前沿垄断，自身将被更深地锁定在产业链的附庸和边缘地带；其次，在国际规则方面，随着国际金融危机后遭遇中国为主的新兴经济体的强烈竞争冲击，发达经济体不满于传统全球化模式中既得利益被不断侵蚀，欲重塑全球化格局，特别是在经贸和国际投资领域，美欧试图通过改变游戏规则提高自身优势，并在客观上重建对中国不利的国际竞争局面。

“中等收入陷阱”的根源

在中国面对的六大竞争挑战后面，则存在着可能导致“中等收入陷阱”出现的政治经济学层面的三大根源。

在经济学上，常把投资、消费、出口比喻为拉动GDP增长的“三驾马车”。但从发展经济学的角度看，“三驾马车”可能只对发展中国家发挥作用，而对发达国家可能无效。

就“发达国家”这个名称而言，其核心要义在于“达”，意指到达目的，也即社会经济发展已经达到了预期目标，该有的发展条件和基础基本都有了。这个时候，发达国家的投资、消费通常都会维持相当稳定的水平和状态，投资和消费不再是经济的增长点，而只能维持原有的经济规模和发展水平。至于出口，因为全球市场不可能无限扩张，市场已经趋于饱和，出口增长到一定程度也不再继续增加。

对发达国家而言，如果这“三驾马车”都达到极限，而有没有其他的增长动力时，经济可能就会停滞不前。比如日本，其经济面临的就是这种境况。这是不是意味着发达国家就没法进一步发展了？当然不是。美国经济已经持续30多年增长了。事实上，经济增长还有两个原动力——人口增长和科技进步。

显而易见，增加的人口会带来新的消费需求，但人口的增长受到物质、空间的制约，不可能无限增长。发达国家大多生育率很低，人口增长缓慢，人口的增加对经济发展的促进作用比较有限。而且，从世界范围看，地球能承载的总人口有限，人口数量必须受到控制，因而无论是发展中国家还是发达国家，希望通过增加人口来促进经济增长的想法并不可取。

因此，唯一可长期依赖的经济增长动力就只能是科技进步。其实，早在1988年6月，邓小平同志根据当代科学技术发展的趋势和现状，在全国科学大会上就提出了“科学技术是第一生产力”的论断。这一论断，体现了马克思主义政治经济学在当代经济社会发展实践中的创造性运用。

“科学技术是第一生产力”，科技进步是最能促进经济增长、使社会产生深刻变革的巨大动力。蒸汽机、电气革命、信息技术，每一次的科技革命都会促使经济发展和财富积累实现成百上千倍的增长。可以说，科技进步，甚至初期的技术模仿和跟踪，对经济、社会的促进作用，远远高于前面的“三驾马车”和人口的增长，是促进人类经济、社会发展最强大、持久、可持续的动力。

从这个角度看，处于正确发展道路上的发展中国家，可以依靠“三驾马车”迅速实现经济规模和发展水平的提高，进而进入中等收入国家。但要从目前全世界224个国家和地区中挤进24个发达国家（24个经合组织成员国），只能依靠科技进步。从历史经验看，大多数国家进入中等收入国家后，没有跨进发达收入国家高墙，关键原因之一就是没有实现科技进步主导的经济发展和成功构建创新型国家发展模式。

如果说能否实现科技进步是从增长角度追溯“中等收入陷阱”的经济发展根源，那么从政府与市场角度追溯的则是“中等收入陷阱”的国家能力、技术能力和精神意志根源。

第二次世界大战之后，美国经济史学家格申克龙提出了一个“后发展”研究命题：“越是落后的经济体，国家对于经济发展的作用就越大。”美国乔治亚理工学院国际关系中心教授丹·布莱兹尼茨对此注解说，“由于国家经济的落后等于在国际舞台上的无能为力，所以一个国家不能并且不应该空等神奇的市场力量会按照自己的方式产生经济增长。因此，经济发展应该被看作是国家建设大业的一个组成部分，是许多国家为保持独立而必须经历的一个成人仪式。”

工业文明的历史经验已经反复证明，一国的经济发展并非依靠市场的自发力量就能够产生。自英国工业革命以后，世界上所有的国家和地区都被纳入资本主义的世界市场体系中，同时又按照收入水平划分为高收入国家、中等收入国家和低收入国家的等级结构。这种等级结构的长期存在而且将继续存在下去，确定无疑地表明，市场经济无论多发达也不可能改变这种等级结构，也就是发达国家的富国和发展中国家的穷国的长期分野。

在现代世界经济发展史中，最具有挑战性的问题是为什么少数国家能够从落后状态实现追赶，而其他落后国家却做不到。“二战”后的70年里，从低收入起步最后接近或跻身高收入行列的国家和地区屈指可数，只有韩国、新加坡、以色列、中国台湾、中国香港等国家和地区，西方学术界将之称为“新实现工业化的经济体”。

“新实现工业化的经济体”区别于其他发展中国家的一个重要特征，是较多地出现了“创新型企业”。它们是后进国家技术学习的主力，在技术阶梯上爬升的每一步都在打破按照“比较优势”进行国际分工的“均衡”状态。因此，创新型企业的关键作用尤其表现在后进国家的产业升级上。

研究发展的学者把落后国家的经济发展区分为两个阶段。第一个阶段是产业结构变化，即从传统的农业和初级产品生产扩展到工业和服务业，提高专业化水平，发展新技能，减少大宗产品或对经济的冲击。这个阶段的主要挑战是动员稀缺的资本并配置于生产性资产。第二个阶段是产业结构的升级，即生产活动转移到较高附加值的产品和服务上，以更高的效率利用生产性资源并使用当地的投入品。这个阶段的主要挑战是改进生产率或新产品创新。

许多国家通过第一阶段的发展达到中等收入水平，但能够进入第二阶段的后进国家寥寥无几，原因就在于大多数发展中国家在第一阶段进行的是“没有技术的工业化”，这是依赖跨国公司的必然结果，于是没有能力进入第二阶段。因此，创新型企业掌握着后进国家产业升级的钥匙，尤其敢于进入高技术工业的企业，是新工业化国家能够跨越中等收入国家的主要因素。

最关键的是，坚定走上发展道路的国家，往往会在全社会范围内弥漫起一种与发展有关的“精神气质”。这种“精神气质”总是植根于一个国家的历史以及该国在国际政治中的特定命运，并与政治过程的互动塑造出“发展的意识形态”，例如“富国强兵”“产业报国”，能够明显地影响到政府、社会群体和企业的行为，使积极主动的决策和行动与国家命运联系起来，赋予企业家以使命感。换句话说，如果一个国家没有在政治上坚定地走上发展的道路并在全社会形成发展的精神和意识形态，该国就不会出现创新型企业；如果不能出现成功的创新型企业，一个国家的经济发展就不会超越中等收入阶段走向更高发展阶段。

但从马克思主义政治经济学的角度分析，国家和社会分配机制失灵导致的财富积累两极分化和贫富差距持续拉大，才是“中等收入陷阱”产生的根源。

经常被援引落入“中等收入陷阱”的国家，大多集中在拉美和东南亚地区，例如阿根廷、巴西、智利、哥伦比亚、墨西哥和菲律宾。这些国家共同特点就是较早进入中等收入国家行列，但却长期未能成功成为高收入国家。典型情况下，许多这样的国家在经济增长遭遇减速之后，最突出的表现就是收入分配状况不能得到改善，甚至持续恶化。因此，不仅经济增长处于徘徊状态，社会发展成就差强人意，而且激化社会矛盾，时常会引发严重的政治动荡。

例如，从基尼系数观察，阿根廷的基尼系数从1981年的43.8发展到2009年的45.8；哥伦比亚从1988年的50.8提高到2006年的58.5；墨西哥从1984年的48.5提升到2008年的51.7；巴西则从1983年的58.6略降至2008年的54.5；智利从1984年的55.5略降至2009年的52.3；菲律宾从1985年的45.5徘徊到2006年的44。可以看到，这些国家的收入分配要么没有明显改善，要么更加恶化，大都保持着世界上最严重的收入分配不均等状况。

由此带来的直接后果就是大幅度降低实际的人类发展水平。比如，拉美作为整体，在新世纪经济发展表现耀眼的2010年，其人类发展指数为0.704，但经过不平等指数修正后的人类发展指数，则跌落为0.527。也就是说，因收入分配不平等，使得拉美的人类发展指数损失25.1个百分点。可以想象，在财富蛋糕不再能够做大的条件下，收入分配恶化导致的人类发展水平降低，会给国家带来怎样的社会和政治后果，这一点已经由目前巴西、阿根廷的政治动荡和社会混乱给予了充分验证。

拉美许多国家在20世纪70—90年代经历了长期停滞，甚至负增长，直到现在还没有摆脱中等收入陷阱。它们经济停滞时期也都是收入差距很大、社会两极分化特别严重的时期。这些国家都经历过军事独裁统治时期，搞权贵资本主义，权力与资本勾结掠夺社会，扩大了收入差距，造成社会冲突、政权更迭。有些时候左派政府上台，又过度反弹，搞平均主义，影响了市场的作用。这种左右摇摆、社会动荡的局面，严重影响了经济发展。

与拉美国家相反，东亚以“四小龙”为典型的国家和地区“二战”后实行缩小收入差距，同时保持市场主导经济的政策，实现了经济高增长。基尼系数从0.5左右降到0.3—0.4之间，同时经济高速增长，进入了高收入国家和地区行列，人均GDP从拉美国家的一半上升到拉美国家的数倍。

事实上，从国际历史经验也可以发现，已经成功跨越了中等收入陷阱的发达国家，在20世纪以前都曾面临严重的贫富两极分化，伴随而来的是大众消费不足和不断爆发的以生产过剩为特征的周期性经济危机。这些西方国家随着蛋糕做大，都在切蛋糕上做了巨大的制度改进。在保持市场机制起决定作用的同时，于20世纪早、中期陆续建立了一整套社会保障、公共服务和转移支付制度，改变了早期资本主义贫富分化严重的局面，缓解了社会矛盾，减少了总需求不足造成的经济危机。

因此，从政治经济学角度看，一国落入“中等收入陷阱”的主要危险，来自长期以来收入分配机制不公正、不公平所导致的收入差距悬殊，尤其是国民收入分配中劳动报酬占比太低，将严重影响国内消费，造成内需不足、社会总供给与总需求失衡。即使扩大投资和增加货币供应的刺激方式扩大内需，更可能导致越来越严重的产能过剩、资产泡沫和投资效率下降。如果收入分配机制和贫富差距处理不好或者处理不及时，政治经济社会文化生态之间的结构性冲突将越来越严重，终将落入“中等收入陷阱”。

“新理念”引领“新常态”破解世界发展难题

“对中国而言，‘中等收入陷阱’过是肯定要过去的，关键是什么时候迈过去、迈过去以后如何更好向前发展。”2014年11月10日，习近平主席在北京出席亚太经合组织领导人同工商咨询理事会代表对话会时表示，“我们有信心在改革发展稳定之间以及稳增长、调结构、惠民生、促改革之间找到平衡点，使中国经济行稳致远。”

如何避免陷入这一陷阱，十八大以来，习近平同志在多个场合提出过一系列措施。在博鳌亚洲论坛2013年年会上，习近平表示，要转变经济发展方式、调整经济结构，提高经济发展质量和效益，在此基础上不断提高人民生活水平。而在2014年主持召开经济形势专家座谈会时，习近平要求加快全面深化改革步伐，推动使市场在资源配置中起决定性作用，更好发挥政府作用。同样是在接受《华尔街日报》采访时，他强调当下中国更加注重创新驱动。

“十三五”以至更长一个时期，中国经济社会发展的基本特征是转型发展，即在转型中促进发展，在发展中实现转型，从而成功跨越“中等收入陷阱”，迈上社会主义现代化新征程。党的十八大以来，以习近平同志为核心的党中央勇于实践、善于创新，形成了一系列治国理政新理念新思想新战略。创新、协调、绿色、开放、共享的新发展理念，是针对我国经济发展进入新常态、世界经济复苏低迷开出的药方，是跨越“中等收入陷阱”、成功实现转型发展的中国方案。

2014年5月，习近平总书记在河南考察时首次指出：中国经济发展已经进入一个“新常态”。同年7月29日，在中南海党外人士座谈会上，习近平进一步指出：“要正确认识我国经济发展的阶段性特征，进一步增强信心，适应‘新常态’，共同推动经济持续健康发展。”三个多月后，在北京召开的APEC工商领导人峰会上，习近平主席集中阐述了我国经济发展“新常态”下速度变化、结构优化、动力转化等三大特点，并表达了“新常态”将给中国带来发展新机遇的乐观预期。

2014年12月9日，在中央经济工作会议上，“新常态”进一步上升为国家战略。在这个重要会议上，习近平总书记从消费需求、投资需求、出口和国际收支、生产能力和产业组织方式、生产要素相对优势、市场竞争特点、资源环境约束、经济风险积累和化解、资源配置模式和宏观调控方式等九个方面，详尽分析了中国经济新常态的表现、成因及发展方向，并且明确指出：“我国经济发展进入“新常态”，是我国经济发展阶段性特征的必然反映，是不以人的意志为转移的。认识“新常态”，适应“新常态”，引领“新常态”，是当前和今后一个时期我国经济发展的大逻辑。”

2015年10月下旬，十八届五中全会审议通过了“十三五”规划《建议》。面对全面建成小康社会决胜阶段复杂的国内外形势，面对当前经济社会发展新趋势新机遇和新矛盾新挑战，以习近平同志为核心的党中央，坚持马克思主义政治经济学“以人民为中心”的发展思想，在总结人类历史发展经验教训和中国改革开放30多年来的成功经验的基础上，创造性地鲜明提出了创新、协调、绿色、开放、共享的新发展理念。

可以说，新发展理念是针对当前我国发展面临的突出问题和挑战，包括如何跨越“中等收入陷阱”，提出来的战略指引：

创新，注重的是解决发展动力问题，在国际发展竞争日趋激烈和我国发展动力转换的形势下，只有把发展基点放在创新上，形成促进创新的体制架构，才能塑造更多依靠创新驱动、更多发挥先发优势的引领型发展。

协调，注重的是解决发展不平衡问题，只有坚持区域协同、城乡一体、物质文明精神文明并重、经济建设国防建设融合，才能在协调发展中拓宽发展空间，在加强薄弱领域中增强发展后劲。

绿色，注重的是解决人与自然和谐问题，只有坚持绿色富国、绿色惠民，为人民提供更多优质生态产品，推动形成绿色发展方式和生活方式，才能协同推进人民富裕、国家富强、中国美丽。

开放，注重的是解决发展内外联动问题，只有丰富对外开放内涵，提高对外开放水平，协同推进战略互信、经贸合作、人文交流，才能开创对外开放新局面，形成深度融合的互利合作格局。

共享，注重的是解决社会公平正义问题，只有让广大人民群众共享改革发展成果，才能真正体现社会主义制度优越性。

以五大“新理念”引领“新常态”，破解“中等收入陷阱”的世界发展难题，以习近平同志为核心的党中央，已经给出了“中国解决方案”。

一是坚持以提高发展质量和效益为中心。发展必须保持一定的速度，但并不是单纯追求增长速度，而是追求有效益、有质量、可持续的发展。习近平总书记指出，“不能简单以国内生产总值增长率论英雄”。衡量经济发展好坏，不是速度高一点，形势就“好得很”，也不是速度下来一点，形势就“糟得很”，而是要看有没有质量和效益，就是投资有回报、产品有市场、企业有利润、员工有收入、政府有税收、环境有改善，这才是我们要的发展。

这就要求，坚持科学发展，必须坚持以经济建设为中心，从实际出发，把握发展新特征，加快转变经济发展方式，实现更高质量、更有效率、更加公平、更可持续的发展。坚持可持续发展，必须以人与自然和谐相处为目标，牢固树立尊重自然、顺应自然、保护自然的意识，坚持走绿色、低碳、循环、可持续发展之路，构筑尊崇自然、绿色发展的生态体系。坚持包容性发展，必须坚持全面保障和改善民生，构建公平公正、共建共享的包容性发展新机制，使发展成果更多更公平惠及全体人民。

尤其要把转方式调结构放到更加重要的位置，更加扎实地推进经济持续健康发展。要以结构深度调整、振兴实体经济为主线调整完善相关政策，构建产业新体系，培育一批战略性产业，构建现代农业产业体系，加快建设制造强国，加快发展现代服务业。转方式调结构的基础动力在创新，要推动新技术、新产业、新业态蓬勃发展，瞄准世界科技前沿，形成一批重大创新成果，推进科技成果产业化，使创新成果变成实实在在的经济活动，形成新的产品群、产业群。

二是“看不见的手”和“看得见的手”都用好。市场决定资源配置是市场经济的一般规律，市场经济本质上就是市场决定资源配置的经济。理论和实践都证明，市场配置资源是最有效率的形式。必须不失时机地加大改革力度，坚持社会主义市场经济改革方向，在思想上更加尊重市场决定资源配置这一市场经济的一般规律，在行动上大幅度减少政府对资源的直接配置，推动资源配置依据市场规则、市场价格、市场竞争实现效益最大化和效率最优化，让企业和个人有更多活力和更大空间去发展经济、创造财富。

但是，市场在资源配置中起决定性作用，并不是起全部作用，不是说政府就无所作为，而是必须坚持有所为、有所不为，着力提高宏观调控和科学管理的水平。习近平总书记指出："更好发挥政府作用，不是要更多发挥政府作用，而是要在保证市场发挥决定性作用的前提下，管好那些市场管不了或管不好的事情。"政府的职责和作用主要是保持宏观经济稳定，加强和优化公共服务，保障公平竞争，加强市场监管，维护市场秩序，推动可持续发展，促进共同富裕，弥补市场失灵。

三是加快实施创新驱动发展战略。从全球范围看，科学技术越来越成为推动经济社会发展的主要力量，创新驱动是大势所趋。国际经济竞争甚至是综合国力竞争，说到底就是创新能力的竞争。谁能在创新上下先手棋，谁就能掌握主动。新一轮科技革命和产业变革正在孕育兴起，一些重要科学问题和关键核心技术已经呈现出革命性突破的先兆，带动了关键技术交叉融合、群体跃进，变革突破的能量正在不断积累。即将出现的新一轮科技革命和产业变革与我国加快转变经济发展方式形成历史性交汇，为我们实施创新驱动发展战略提供了难得的重大机遇。必须增强忧患意识，紧紧抓住和用好机遇，快马加鞭予以推进。

从国内看，创新驱动是经济社会发展的必然趋势。习近平总书记指出："块头大不等于强，体重大不等于壮，虚胖不行。"创新能力不强，科技发展水平总体不高，科技对经济社会发展的支撑能力不足，科技对经济增长的贡献率远低于发达国家水平，仍然是我国这个经济大个头的"阿喀琉斯之踵"。我国经济发展要突破"瓶颈"、解决深层次矛盾和问题，根本出路在于创新，关键要靠科技力量。必须及早转入创新驱动发展轨道，把发展基点放在创新上，发挥创新对拉动发展的乘数效应。

这就要求通过"十三五"规划，抓紧出台实施创新驱动发展的政策和部署，抓紧实施国家重大科技专项，再选择一批体现国家战略意图的重大科技项目，发挥市场经济条件下新型举国体制优势，集中力量、协同攻关。加快建设以国家实验室为引领的创新基础平台，打造聚集国内外一流人才的高地，形成代表国家水平、国际同行认可、在国际上拥有话语权的科技创新实力，成为抢占国际科技制高点的重要战略创新力量。

四是推进供给侧结构性改革。以习近平同志为核心的党中央提出推进供给侧结构性改革，是适应和引领经济发展新常态的重大创新，是适应国际金融危机发生后综合国力竞争新形势的主动选择。供给侧结构性改革的重点，是解放和发展社会生产力，用改革的办法推进结构调整，减少无效和低端供给，扩大有效和中高端供给，增强供给结构对需求变化的适应性和灵活性，提高全要素生产率。

打赢供给侧结构性改革这场硬仗，要从生产端入手，促进产能过剩有效化解，促进产业优化重组，降低企业成本，发展战略性新兴产业和现代服务业，增加公共产品和服务供给。简言之，就是去产能、去库存、去杠杆、降成本、补短板。要通过一系列政策举措，特别是推动科技创新、发展实体经济、保障和改善人民生活的政策措施，来解决我国经济供给侧存在的问题，为经济持续健康发展提供源源不断的内生动力。

五是始终抓牢抓好“三农”这个国民经济发展基础。我国是一个农业大国，没有农业现代化，没有农村繁荣富强，没有农民安居乐业，国家现代化是不完整、不全面、不牢固的。习近平总书记指出：“一定要看到，农业还是‘四化同步’的短腿，农村还是全面建成小康社会的短板。中国要强，农业必须强；中国要美，农村必须美；中国要富，农民必须富。”

新中国成立以来的历史经验表明，“三农”向好全局主动。要坚持把解决好“三农”问题作为全党工作重中之重，坚持工业反哺农业、城市支持农村和多予少取放活方针，坚持土地公有制性质不改变、耕地红线不突破、农民利益不受损三条底线，不断加大强农惠农富农政策力度。深入推进农村各项改革，破解

“三农”难题、增强创新动力、厚植发展优势，积极推进农业现代化，提高社会主义新农村建设水平，让农业农村成为可以大有作为的广阔天地。

六是稳步推进以人为核心的新型城镇化。城镇化是现代化的必由之路，既是经济发展的结果，又是经济发展的动力。推进城镇化是解决农业、农村、农民问题的重要途径，是推动区域协调发展的有力支撑，是扩大内需和促进产业升级的重要抓手，对全面建成小康社会、加快推进社会主义现代化具有重大意义。

习近平总书记强调，在我们这样一个拥有13亿多人口的发展中大国实现城镇化，在人类发展史上没有先例。粗放扩张、人地失衡、举债度日、破坏环境的老路不能再走了，也走不通了。在这样一个十分关键的路口，必须走出一条新型城镇化道路。

要从社会主义初级阶段基本国情出发，遵循规律，因势利导，使城镇化成为一个顺势而为、水到渠成的发展过程；二要坚持以人为本，推进以人为核心的城镇化；坚持优化布局，促进大中小城市和小城镇合理分工、功能互补、协同发展；坚持生态文明，着力推进绿色发展、循环发展、低碳发展；坚持传承文化，发展有历史记忆、地域特色、民族特点的美丽城镇；三要坚持把城镇化质量明显提高摆在突出位置来落实，更加注重提高户籍人口城镇化率，更加注重城乡基本公共服务均等化，更加注重环境宜居和历史文脉传承，更加注重提升人民群众获得感和幸福感。

尾声

开辟共同富裕的人类新道路

过去30多年改革开放的社会主义实践，主要是以政府与市场关系为主线的市场化改革，主要是“长个子”，中国已成为世界第二大经济体。现在，面对即将在三年后实现中华民族伟大复兴——“全面建成小康社会”的第一个一百年奋斗目标的奋进时刻，中国特色社会主义强国不仅需要强健的体格，更需要健康的心理和成熟的精神。但令人遗憾的是，以政府与社会关系为主线的社会化改革却大大滞后。

如果说市场改革培育经济理性，那么社会改革就是培养社会理性，即公共理性。相当长一个时期以来，我国社会中，经济理性超前发育，而社会理性也即公共理性严重滞后。表现在现实生活中，就是伦理道德、职业操守和社会责任缺失；而唯利是图、不择手段、不讲诚信一度成风；创新意识不足，投机、泡沫、短期化行为频生。

正因此，社会改革应当成为当前整个改革的重心，只有社会改革推进了，社会理性不断发育，经济改革、政治改革、文化改革乃至生态文明建设才有稳定推进的基础。

而在当代中国，社会改革追求的目标就是社会主义，追求社会主义的价值要求，即意味着资本受社会控制，资本仅仅是发展社会生产力的工具，而不能一切资本说了算，资本统治社会，赢家通吃，结果就会是人人成了资本的俘虏和奴隶；推进社会改革，就是扩大社会主义因素、坚持社会主义共同富裕的本质要求，形成市场经济与共同富裕有机结合的社会主义经济新体制。

十八大以来，无论是协调推进“四个全面”战略布局，还是统筹推进“五位一体”总体布局，包括“五大发展理念”，都是对中国特色社会主义时代内涵的极大丰富和完善。中国能不能引领21世纪的人类文明，就看能不能通过市场经济从先富带动后富，走进共同富裕。这是整个人类文明发展进程中最难解决的发展问题。

事实上，20世纪下半叶，中国发生了三件翻天覆地的大事，所发生的变化超过了以往任何一个时代。

第一件大事就是新中国成立，中国人民从此站起来了，建立了社会主义制度，使人民第一次成为这个东方大国的主人；第二件大事就是1949—1978年，建立了独立完整的工业体系和国民经济体系，为改革开放奠定了制度基础、人力资源基础与工业化基础；第三件大事是1978年之后，通过改革开放，生产力得到空前解放，人民生活实现了小康水平。

21世纪上半叶，中国还将发生翻天覆地的伟大变化，到本世纪中叶全面实现现代化，中国将建成富强民主文明的社会主义国家，中国将继续创造新的奇迹，将先后完成新的三件大事：第一件大事就是用20年的时间全面建成小康社会；第二件大事就是到2030年共同构建共同富裕社会；第三件大事是全面实现社会主义现代化。

这其中，共同构建共同富裕社会是一个承上启下的发展阶段，它是全面建设小康社会的必然延伸，也是全面实现社会主义现代化的必经之路。

在此进程中，特别需要强调的是：共富社会不是平均富裕，而是指社会差异相对较小，且可管理、可调整；共富社会的核心是共同，使十几亿人能够共同有发展机会、共同提高发展能力、共同提高发展水平、共同分享发展成果。唯此，才能有真正意义上的共富社会；共富社会的底线是发展出现贫富两极分化，消除各类绝对贫困人口。

建设共富社会，必然也将延伸到国际社会，也就是中国与世界共同繁荣。中国与世界既是利益共同体，更是命运共同体。只有世界特别是南方国家（指发展中国家和最不发达国家）发展繁荣了，中国才能得到更大的发展繁荣。这意味着，中国不但要做好自己的事情，也要承担更大的国际责任，特别是帮助南方国家尽快富裕起来；不但要参与全球化，也要积极主导全球化，朝着更加公平、合理、均衡的方向发展。

2020年，中国实现全面脱贫和近14亿人全面小康，进而从小康社会带进共同富裕，这对人类发展理论、发展道路和发展模式都是史无前例的贡献。从这个层面看，习近平主席2013年提出的“一带一路”倡议，沿线以新型经济体和发展中国家为主，涉及人口约44亿，占全球的63%，完全可以视作人类历史上最大规模的国际脱贫工程。

过去三年多来，中国正是借助“一带一路”倡议和亚投行的设立，将自己在全球化中获得的宝贵资金、发展成果、先进技术和脱贫经验，分享和回馈给广大发展中国家和欠发达国家，使得南方国家第一次集体搭上了驶向发展繁荣的“全球化高铁”。

习近平主席在2017年年初瑞士达沃斯世界经济论坛年会上以胸怀宇内的豁达胸襟向全世界人民表示，“中国人民深知实现国家繁荣富强的艰辛，对各国人民取得的发展成就都点赞，都为他们祝福，都希望他们的日子越过越好，不会犯‘红眼病’，不会抱怨他人从中国发展中得到了巨大机遇和丰厚回报。中国人民张开双臂欢迎各国人民搭乘中国发展的‘快车’‘便车’。”

因为，“‘大道之行也，天下为公。’和平、发展、公平、正义、民主、自由，是全人类的共同价值，也是联合国的崇高目标。目标远未完成，我们仍须努力。”正如2015年9月28日他在第七十届联合国大会一般性辩论时发表的《携手构建合作共赢新伙伴，同心打造人类命运共同体》演讲所言，“当今世界，各国相互依存、休戚与共。我们要继承和弘扬联合国宪章的宗旨和原则，构建以合作共赢为核心的新型国际关系，打造人类命运共同体。”

现在，在十八大即将“结题”、十九大准备“开题”的时刻，长远性、战略性、前瞻性规划“共富社会”这一中国经济社会发展战略目标的时机已经成熟。

“党的十八大以来的五年，是党和国家发展进程中很不平凡的五年。五年来，党中央科学把握当今世界和当代中国发展大势，顺应实践要求和人民愿望，推出一系列重大战略举措，出台一系列重大方针政策，推进一系列重大工作，解决了许多长期想解决而没有解决的难题，办成了许多过去想办而没有办成的大事。”

2017年7月26日，习近平总书记在省部级主要领导干部专题研讨班上发表重要讲话时，对十八大以来的五年做出了令人印象深刻且备受鼓舞的全面总结：

“党的十八大以来，在新中国成立特别是改革开放以来我国发展取得的重大成就基础上，党和国家事业发生历史性变革，我国发展站到了新的历史起点上，中国特色社会主义进入了新的发展阶段。中国特色社会主义不断取得的重大成就，意味着近代以来久经磨难的中华民族实现了从站起来、富起来到强起来的历史性飞跃，意味着社会主义在中国焕发出强大生机活力而不断开辟发展新境界，意味着中国特色社会主义拓展了发展中国家走向现代化的途径，为解决人类问题贡献了中国智慧、提供了中国方案。”